Reinhold Miller · »Das ist ja wieder typisch!«

Meiner erwachsenen Tochter Sandra,
deren Dialogfähigkeit mich
persönlich beeindruckt,
beruflich anregt und
als Vater immer wieder erfreut

Reinhold Miller

»Das ist ja wieder typisch!«

Kommunikation und Dialog in Schule und Schulverwaltung
25 Trainingsbausteine

Beltz Verlag · Weinheim und Basel

Über den Autor:

Dr. Reinhold Miller, Jahrgang 1943; Studium der Philosophie, Psychologie und Pädagogik (München, Tübingen, Heidelberg); Lehrer in einer Grund- und Hauptschule, anschließend Lehrbeauftragter in einem Studienseminar; Promotion zum Dr. paed.; seit 1989 hauptamtlich in der Lehrerfortbildung in Baden-Württemberg und als Gastreferent in anderen Bundesländern, Österreich und der Schweiz tätig.
Arbeitsschwerpunkte: Pädagogische Psychologie; Kommunikation, Interaktion, Moderation und Beratung in Gruppen und Kollegien; schulinterne Lehrerfortbildung und Schulentwicklung.
Vom gleichen Verfasser sind erschienen: Lehrer lernen; Sich in der Schule wohlfühlen; Schilf-Wanderung; Schul-Labyrinth (alle Beltz Verlag, Weinheim und Basel).
Adresse: Dr. Reinhold Miller, Spitzwegstr. 19, 69168 Wiesloch

Die Deutsche Bibliothek – CIP-Einheitsaufnahme

Miller, Reinhold:
„Das ist ja wieder typisch“ : Kommunikation und Dialog in Schule und Schulverwaltung ; 25 Trainingsbausteine / Reinhold Miller. – Weinheim ; Basel : Beltz, 1995
(Beltz Praxis)
ISBN 3-407-62313-5

Lektorat: Peter E. Kalb

Herstellung: Erich Rathgeber, Weinheim
Satz (DTP): Satz- und Reprotechnik GmbH, Hemsbach
Druck: Druckhaus Beltz, Hemsbach
Umschlaggestaltung: Atelier Warminski, Büdingen
Umschlagzeichnung: Michael Ryba
Printed in Germany

ISBN 3-407-62313-5

Inhaltsverzeichnis

Vorwort

Als Moderator und Berater in Lehrerkollegien, als Leiter von Supervisionsgruppen und als Trainer in Kommunikationskursen erlebe ich geglücktes Miteinanderreden und mißglückten Dialog, Streitlust und Gesprächsfrust, Auseinandersetzungen und Vereinbarungen, Meinungsverschiedenheit und Konsens, Kampf und Spiel, Verletzung und Versöhnung. Dabei wird mir immer wieder deutlich, wie wichtig es für alle Beteiligten ist, sowohl über kommunikative Vorgänge *Bescheid zu wissen* als auch *entsprechende Verhaltensweisen zu praktizieren* – eine des öfteren schwierige und vermutlich lebenslange Aufgabe.
In Gesprächen werden Meinungen und Sichtweisen, Erlebnisse und Erfahrungen mitgeteilt – und bei den oft sehr unterschiedlichen Wirklichkeiten, die zum Vorschein kommen, erscheint es mir manchmal, als ob die einzelnen Menschen jeweils »auf einem anderen Stern leben«, weil sie in ihren Anschauungen bisweilen so weit voneinander entfernt sind.
Folgende Gründe haben mich deshalb bewogen, dieses Kommunikations- und Dialogtraining anzubieten:

a) das immer noch zu geringe Wissen über kommunikative Vorgänge und die Zuversicht auf professionelles Gesprächsverhalten und zunehmende Dialogfähigkeit in Schule und Schulverwaltung;
b) die Kluft zwischen den verschiedenen Welten und der Wunsch nach Brücken der Verständigung;
c) die Irritationen und Störungen und die Hoffnung auf befriedigende zwischenmenschliche Beziehungen;
d) die verbalen Beleidigungen und Verletzungen und die Sehnsucht nach humanen Verhaltensweisen;
e) die Nichtakzeptanz der jeweils »anderen An-Sicht« und die Berechtigung unterschiedlicher Sichtweisen von Menschen;
f) aber auch: die Freude und Zufriedenheit über geglückte Kommunikation, bereichernde Dialoge, konstruktive Kritik und konkrete Ergebnisse.

Meine Erfahrungen im weiten Feld von Kommunikation und Dialog mit Personen in Schule und Schulverwaltung sind also sehr ambivalent und angesiedelt zwischen Wissen und Nichtwissen, Können und Nichtkönnen, Bemühen und Scheitern, Fördern und Blockieren, Bejahen und Verweigern, Erfolghaben und Mißerfolgerleiden ...
Aus dem Bewußtsein heraus, wie wichtig gerade im Bereich der Kommunikation Veränderungen eigener Fähigkeiten, Verhaltensweisen und Einstellungen sind, habe ich folgende Ziele vor Augen:

Ziele

1.
Bewußtmachen von kommunikativen Vorgängen durch Reflexion eigener Erfahrungen und Verhaltensweisen

2.
Erweiterung bestehenden Wissens durch Aufnahme und Verarbeitung von Informationen

3.
Erhöhung der Sensibilität in Einzel- und Gruppengesprächen durch erhöhte Wahrnehmung und genaue Analysen

4.
Zunahme an Sicherheit professionellen Handelns in schwierigen Konflikt- und Gesprächssituationen durch vielfältige Übungen

5.
Reduzierung verbaler Verletzungen im Umgang miteinander und Verstärkung förderlicher Verhaltensweisen durch Aufmerksamkeitstraining und Erweiterung des Handlungsrepertoires

6.
Ermöglichung von Entspannung und Wohlbefinden in zwischenmenschlichen Gesprächen durch entsprechende Vorschläge und Angebote

7.
Erhaltung bestehender kommunikativer Fähigkeiten und der Freude und Zufriedenheit über gelungene Gespräche in Schule und Schulverwaltung

Hinweise

Die einzelnen Trainingsbausteine enthalten Informationsangebote, Reflexionshilfen, Aufgaben und entsprechende Übungen zum Thema »verbale Kommunikation«. Die nonverbalen Aspekte habe ich, um den Umfang des Trainingsbandes nicht zu sprengen, nur am Rande (siehe Nr. 15, S. 107ff.) erwähnt. Bei den meisten Beispielen, Aufgaben und Übungen habe ich mich auf den *Kern* der jeweiligen Thematik und auf *wesentliche* sprachliche Äußerungen bestimmter Personen konzentriert. Es ging mir in erster Linie darum, festgefahrene *Verhaltensweisen* und *Sprachmuster* aufzuzeigen und Veränderungsmöglichkeiten anzubieten.
Ich bitte um Verständnis, daß es mir nicht immer möglich war, den gesamten *Kontext*, in dem die Äußerungen stehen, anzusprechen, zu beschreiben und mitzureflektieren. Deshalb bitte ich Sie, liebe Leserin, lieber Leser, Ihre eigenen Erfahrungen aus Schule und Schulverwaltung, Ihre Vorstellungen und »blühenden Phantasien« einzubringen und die von mir angebotenen Kommunikations- und Dialogbeispiele auszuschmücken und zu bereichern.
Die Trainingseinheiten können in beliebiger Reihenfolge in Einzel-, Partner- und Gruppenarbeit angewendet werden. Zudem habe ich manchmal für LehrerInnen, SchülerInnen und für die Arbeit mit Eltern getrennt Aufgaben und Übungen erstellt.
Der Trainingsband enthält auch Kopiervorlagen (als »KV« gekennzeichnet), die als Overheadfolie oder Arbeitsblätter – im Rahmen von schulischer Arbeit oder Lehrerfortbildung – benutzt werden können. Aus didaktisch-methodischen Gründen sind diesbezüglich allerdings mündliche Ergänzungen und Hinweise an die Adressaten notwendig.

Nun wünsche ich Ihnen, liebe Leserin und lieber Leser, Freude und Bereicherung, Durchhaltevermögen und Erfolg – und immer wieder Menschen in Ihrem Berufs- und Privatleben, mit denen Sie in Dialog treten und sich anregend unterhalten können. Als »kleinen Mann im Ohr« (der Ihnen in brenzligen Situationen Hilfestellung gibt) können Sie mich gerne dabeihaben.

Wiesloch, im Frühjahr 1995 Reinhold Miller

1 Erfahrungen und Befragungen

Aufgaben

1. Vergegenwärtigen Sie sich bitte ein Gespräch, das Sie führten und durch das Sie sehr zufrieden waren. Überlegen Sie, warum es aus Ihrer Sicht gelungen war, und notieren Sie unter dem Leitgedanken »geglückte Kommunikation« einige Gründe:

   ____

   ____

2. Erinnern Sie sich bitte an einen Satz Ihres Gegenübers, der Ihnen im Gespräch guttat:

   ____

   ____

3. Erinnern Sie sich bitte an einen Satz Ihres Gegenübers, der Sie im Gespräch »schockte« oder verletzte:

   ____

   ____

4. Beschreiben Sie bitte Situationen, in denen es Ihnen leicht- bzw. schwerfällt, »annehmbare Botschaften« zu senden:

   a) leicht: ______________________________

   b) schwer: ______________________________

   c) Gründe: ______________________________

   ____

Auf den nächsten Seiten können Sie sich über die Gesprächserfahrungen anderer LehrerInnen und SchülerInnen informieren.

Befragungsergebnisse

I. Erwachsene

Ich befragte (schriftlich, telephonisch, persönlich) 225 Personen aus Schule und Schulverwaltung. Nach ihrer Erfahrung und Meinung waren Gespräche geglückt, wenn sie durchdrungen waren von

1. Akzeptanz, Toleranz, gegenseitigem Respekt
2. Sympathie, Wohlwollen, Vertrauen, Offenheit
3. Klarheit, Sachlichkeit, Zielorientierung
4. Verständnisbereitschaft, Verständnis, Verstehen
5. Interesse, Aufmerksamkeit, Einfühlungsvermögen, Zuhören
6. Echtheit, Kongruenz, Ehrlichkeit
7. Themenbezogenheit, Ergebnissuche, Ergebnissen
8. Gleichberechtigung, Ausgewogenheit

(Die Reihenfolge 1.–8. drückt auch die Gewichtung aus, die die Befragten der Qualität von Gesprächen gaben.)

Folgende Sätze wurden als förderlich empfunden (Auswahl):

- »Ich freue mich, daß ich Ihnen begegnet bin.«
- »Ich habe mir gerne für Sie Zeit genommen.«
- »Das Gespräch hat sich für mich gelohnt.«
- »Das kann ich gut nachempfinden.«
- »Danke, daß Sie sich so eingesetzt haben.«
- »Nach dem Gespräch mit Ihnen bin ich sehr erleichtert.«
- »Ihr Verständnis hat mir sehr geholfen.«
- »Was Sie gesagt haben, gibt mir zu denken.«
- »Ich bin froh, daß Sie mir zugehört haben.«
- »Ohne dich hätte ich das nie geschafft.«
- »Gut, daß ich mich auf dich verlassen kann.«
- »Mir gefällt sehr, wie du mit Kindern umgehst.«
- »Mensch, wie gut, daß es dich gibt.«

Folgende Sätze wurden als schockierend und/oder verletzend empfunden (Auswahl):

- »Sie müssen einen anderen Beruf wählen.«
- »Sie haben ja nur Ihre Karriere im Sinn.«
- »Was haben Sie sich denn dabei gedacht?«
- »Sie reagieren immer so aggressiv.«
- »Sie verdrehen die Tatsachen ..., Sie mit Ihren Lügen.«
- »Die Leitung der Schule habe immer noch ich und nicht Sie!«
- »Mit Ihnen kann man ja doch nicht reden.«
- »Sie sollten mal wieder auf eine Fortbildung gehen.«
- »Diese fachlichen Unsicherheiten können Sie sich aber nicht erlauben.«
- »Nach dreißig Jahren Schuldienst müßten Sie das aber können.«
- »Du mit deinem Psychogesoße ...«
- »Du willst mich ja doch nur kritisieren.«
- »Das ist doch alles Quatsch, was du sagst.«
- »Also, so geht's nun auch wieder nicht.«

II. Jugendliche

Ich befragte (schriftlich, telephonisch, persönlich) 240 Jugendliche (HS, RS, Gym, Berufl.). Nach ihrer Erfahrung und Meinung waren Gespräche (untereinander und mit Lehrerinnen und Lehrern) geglückt, wenn sie gekennzeichnet waren von

1. Interesse, Aufmerksamkeit, Zuhören
2. Freundlichkeit, Sympathie, Respekt, Rücksicht
3. Verständnis, Verstehen
4. Vertrauen, Ehrlichkeit, Offenheit
5. Toleranz, Akzeptanz
6. Argumentation, Sachlichkeit, Problemlösung
7. kritischer Auseinandersetzung, Kontroverse
8. Humor, Lachen

(Die Reihenfolge 1.-8. drückt auch die Gewichtung aus, die die Befragten der Qualität von Gesprächen gaben.)

Folgende Sätze wurden als förderlich empfunden (Auswahl):

- »Das hast du gut gemacht ... Du hast gut gearbeitet.«
- »Du hast dich optimal vorbereitet.«
- »Du bist auf dem aufsteigenden Ast.«
- »Du bist ein Pfundskerl/ein Topgirl.«
- »Das schaffst du schon; mach weiter so!«
- »Du hast dich aber mächtig angestrengt.«
- »Was war denn los mit dir? Wie geht's dir?«
- »Du wirst uns aber fehlen.«
- »Euch fällt immer was Kreatives ein.«
- »Ich helfe Euch gerne/Ich unterstütze Euch.«
- »Es ist schön, daß Sie sich darüber Gedanken machen.« (Kl. 13)
- »Sie haben mich überzeugt.« (Kl. 13)

Folgende Sätze wurden als schockierend und/oder verletzend empfunden (Auswahl):

- »Du bist aber schwer von Begriff.«
- »Du bist faul ... blöd ... dumm ...«
- »Du bist sozial schwach.«
- »Du Krüppel ... Du fauler Sack ... Du Blödmann ...«
- »Du bist ein kleiner, dreckiger, dummer Junge ...«
- »Du gehörst in den Wald zum Holzhacken.«
- »Du hast ja doch keine Chance.«
- »Du wirst es nie zu etwas bringen.«
- »Dafür bist du ja viel zu blöd.«
- »Wenn ich dich sehe, fürchte ich um meine Pension.«
- »Schlechter kann man das nicht mehr machen.«
- »Ihr seid nichts und aus euch wird auch nichts.«
- »Ihr seid die blödste aller Klassen.«
- »Wenn ihr so blöd seid, dann wechselt doch die Schule.«
- »Ich werde nur für einmal Erklären bezahlt.«
- »Müssen Sie denn überhaupt Abitur machen?« (Kl. 13)
- »Warum sind Sie denn immer noch hier in der Schule?« (Kl. 13)

Kommentar

Bei den Erwachsenen wurde übereinstimmend geäußert, daß es schwerer fiel, sich an die »guten Nachrichten« zu erinnern, und daß die »schlechten Nachrichten« auch stärker von Gefühlen wie Wut, Empörung, Rachegelüsten oder Niedergeschlagenheit und Traurigkeit begleitet waren.
Ferner zeigte es sich, daß die Mitteilungen häufiger auf der Beziehungs- und weniger auf der Sachebene angesiedelt waren und daß die als verletzend empfundenen Botschaften hauptsächlich aus Vorwürfen, Anschuldigungen und Abwertungen bestanden. Der Wunsch nach Akzeptanz der Person und nach Anerkennung der beruflichen Tätigkeit stand im Vordergrund.
Bei den Jugendlichen wurde übereinstimmend geäußert, wie angenehm (»Super!«) die Ermunterungen und Ermutigungen waren (»Toll, die Lehrerin X, der Lehrer Y.«) und wie schlimm die beleidigenden Worte. (Ein Junge, der häufig beleidigt wurde, schrieb: »Bei Lehrern schockt mich schon lange nichts mehr.«)
Besonders fiel mir auf, daß sowohl die angenehmen als auch die unangenehmen Äußerungen meist sog. Du-Botschaften waren (»Du hast das gut gemacht.« – »Du bist ja blöd.«) und daß es sich vor allem um Aussagen handelte, die das *Können/Nichtkönnen* und die *Leistungen* bzw. das *Versagen* betrafen (und weniger die Person). Von seiten der LehrerInnen gab es den SchülerInnen gegenüber kaum Selbstmitteilungen wie z.B. »Ich freu mich, daß du ...« oder »Ich unterrichte gerne bei euch ...«
Die meisten Lehrerinnen und Lehrer wollen »eigentlich« die Jugendlichen nicht beschimpfen und beleidigen. Im nachhinein tut es ihnen leid, in der »akuten Situation« platzt es aus ihnen heraus, sie sind verärgert, frustriert, des öfteren hilflos und fühlen sich in die Enge getrieben.
Für die Jugendlichen sind die Beleidigungen und Herabsetzungen die größte Belastung; um so mehr freuen sie sich über Lob und Bestätigung und wünschen sich besonders, daß man sich nicht nur für ihre Lern-, sondern auch für ihre Lebensprobleme interessiert.
Die Befragungsergebnisse zeigen also sehr deutlich, wie wichtig es ist, sich mit kommunikativen Vorgängen auseinanderzusetzen und förderliche Verhaltensweisen im Umgang miteinander zu verwirklichen, nach dem Motto:

Schweigen ist Gold –
und Reden will gelernt sein.

Informationen

Auch wenn das Thema »Kommunikation und Dialog« sehr komplex und – wie die Erfahrungen und Befragungen gezeigt haben – sehr vielschichtig ist, so gibt es doch allgemeine Erkenntnisse:

Unter menschlicher Kommunikation versteht man die Art und Weise, wie sich Menschen mitteilen. Sie tun dies verbal (durch die Sprache) und nonverbal (durch Körperhaltung, Gestik, Mimik).

Nach P. Watzlawick ist jede Mitteilung Verhalten, was zu dem inzwischen »klassischen« Satz geführt hat: Man kann sich nicht nicht verhalten = Menschen teilen sich immer (verbal oder nonverbal) mit. Menschen sind also grundsätzlich kommunikative Wesen.

Unter zwischenmenschlicher Kommunikation versteht man die Art und Weise, wie Menschen miteinander in Beziehung treten und ihre Mitteilungen austauschen. Dies kann man auch im weiteren Sinnn als Interaktion bezeichnen.

Unter Dialog versteht man (im Gegensatz zum Monolog) eine Wechselrede, in der zwei oder mehrere Beteiligte – in unserem Sinn gleich*wertig* – zu Wort kommen.

Fragen

1. Welche Definitionen oder Erklärungen zum Thema »Kommunikation und Dialog« sind Ihnen bisher geläufig, und welche Sichtweisen haben Sie?
2. Wie mitteilungsfreudig schätzen Sie sich als »kommunikatives Wesen« selbst ein?
3. Welche Wünsche haben Sie an sich und andere im »Berufsfeld Schule« in bezug auf »förderliche Kommunikation« und »angenehmes Klima«?

Notizen: ______________________________

____

____

____

KV 1: Befragung zum Thema Kommunikation (LehrerInnen)

1. Sie haben ein Gespräch geführt, das Sie im nachhinein als gelungen bezeichnet haben. Nennen Sie bitte einige Gründe dafür:

2. Vergegenwärtigen Sie sich bitte einen Satz (einige Äußerungen) Ihres Gegenübers, der Ihnen im Gespräch guttat:

3. Vergegenwärtigen Sie sich bitte einen Satz (einige Äußerungen) Ihres Gegenübers, der Sie im Gespräch »schockte« oder verletzte:

4. Beschreiben Sie bitte Situationen, in denen es Ihnen leicht- bzw. schwerfiel, »annehmbare Botschaften« zu senden:

   a) leicht:

   b) schwer:

   c) Gründe:

KV 2: Befragung zum Thema Kommunikation (Eltern)

1. Vergegenwärtigen Sie sich bitte Gespräche mit Lehrerinnen und/oder Lehrern, in denen Sie sich verstanden fühlten, und nennen Sie einige Gründe dafür:

2. Vergegenwärtigen Sie sich bitte Gespräche mit Lehrerinnen und/oder Lehrern, in denen Sie sich nicht verstanden fühlten, die Sie »schockten« oder verletzten, und nennen Sie einige Gründe dafür:

3. Welche Empfindungen/Gefühle haben Sie, wenn Sie an ein bevorstehendes Gespräch mit Lehrerinnen und/oder Lehrern oder wenn Sie an einen Elternabend denken:

4. Beschreiben Sie Situationen, in denen es Ihnen leicht- bzw. schwerfiel, »annehmbare Botschaften« mitzuteilen:

   a) leicht:

   b) schwer:

   c) Gründe:

KV 3: Befragung zum Thema Kommunikation (SchülerInnen)

1. In Gesprächen mit Lehrerinnen oder Lehrern habe ich mich nicht verstanden gefühlt, weil

   ___

   ___

   ___

2. In Gesprächen mit Lehrerinnen oder Lehrern habe ich mich verstanden gefühlt, weil

   ___

   ___

   ___

3. Wenn ich an ein bevorstehendes Gespräch mit Lehrerinnen oder Lehrern denke, dann

   ___

   ___

   ___

4. Beschreibe bitte Situationen, in denen es Dir leicht- bzw. schwerfällt, mit anderen zu reden:

   a) leicht: ___

   b) schwer: ___

   c) Gründe: ___

2 Überkreuz-Kommunikation

Beispiele

- Auf dem Schulhof: Zwei Jungen geraten in Streit und beschimpfen sich:

Sven:	*Klaus:*
»Du Blödmann!«	»Du Doofling!«
»Du Versager!«	»Du Streber!«
»Du kannst mich mal ...«	»Du mich auch ...«

- Im Sprechzimmer: Ein Vater vorwurfsvoll zu einer (jungen) Lehrerin:

Vater:	*Lehrerin:*
»Sie müssen halt stärker durchgreifen!«	»Sie haben mir hier keine Vorschriften zu machen!«
»Ach, sind Sie nicht gleich so empfindlich!«	»Sie sind ja auch nicht gerade taktvoll.«

- Im LehrerInnenzimmer: Nach einem Pädagogischen Tag beginnt folgendes Gespräch:

Kollege A:	*Kollege B:*
»Sie haben ja komische Ansichten.«	»Sie müssen Sie ja nicht teilen.«
»Sie sind aber schnell beleidigt.«	»Sie geben mir ja dazu auch Anlaß.«
»Ach, Sie ...«	

- Im Schulamt: Eine Lehrerin beschwert sich über die Unterrichtsbeurteilung:

Lehrerin:	*Schulrat:*
»Sie haben mich völlig falsch beurteilt.«	»Nun sind Sie doch nicht gleich so aufgebracht!«
»Sie haben ja gut reden, Sie werden ja nicht beurteilt.«	»Und Sie sollten zuerst mal meine Argumente hören.«

Usw. usw. usw.

Ihre Notizen dazu: ______________________________

____

(Hinweis: Diese Einzelsätze – als »kommunikatives Pingpong« und als Schlagabtausch – gehören selbstverständlich jeweils in einen bestimmten Kontext. Davon wird später noch die Rede sein.)

Informationen

In diesen Beispielen der Kommunikation, in denen die Beteiligten hauptsächlich Vorwürfe und Appelle (»Sie ...«) aussprechen, wird deutlich, wie häufig sie gleichsam die Klingen kreuzen. Ich nenne dieses Muster deshalb die sog. *Überkreuz-Kommunikation*:

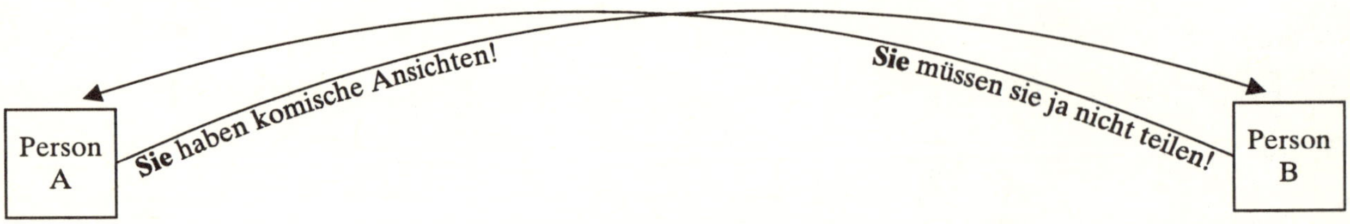

Förderlich ist es, diese Art der Kommunikation in eine dialogische Form umzuwandeln, z.B.:

Kollege A:
»Ich möchte mit Ihnen über den gestrigen Pädagogischen Tag reden.«
»Ich muß ehrlich sagen, ich verstehe Ihre pädagogischen Ansichten nicht.«

Kollege B:
»O.k., ich habe jetzt Zeit. Um was geht es denn?«
»Ich kann Sie Ihnen gerne näher erklären.«

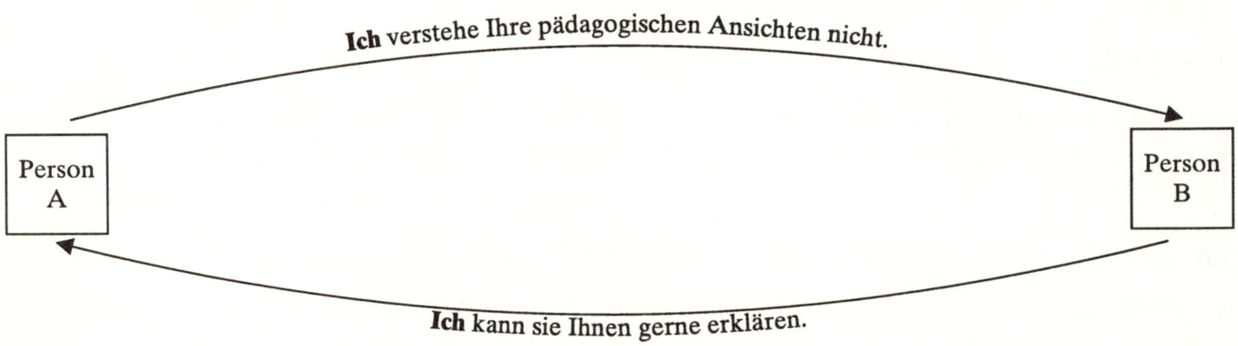

Bei dieser Art der Kommunikation teilen die Gesprächspartner sich selbst (oder etwas von sich) mit und vermeiden dadurch Beschimpfungen, Vorwürfe oder Anschuldigungen.

Fragen

1. Vergegenwärtigen Sie sich bitte Situationen, in denen Sie *Überkreuz-Kommunikationen* erlebt haben (Streit mit SchülerInnen, Konflikte mit KollegInnen, Auseinandersetzung mit Vorgesetzten):

   a) Unter welchen *Bedingungen* fanden die Gespräche statt?
   b) In welcher *Verfassung* waren Sie oder diejenigen, mit denen Sie es zu tun hatten?
   c) Welche *Ergebnisse* brachten die Überkreuz-Kommunikationen?

2. Was sind aus Ihrer Sicht die Gründe, warum Menschen in bestimmten Situationen zur Überkreuz-Kommunikation neigen und die dialogische Form außer acht lassen?

3. Wie geht es Ihnen nach einer Überkreuz-Kommunikation?

Notizen: ______________________________

____

____

Übung

Wandeln Sie bitte die nachfolgenden Sätze der Überkreuz-Kommunikation in Selbstmitteilungen um:

Überkreuz-Kommunikation:	*Vermutete Selbstmitteilung:*
»Du Blödmann, du Versager ...«	»Ich hab' eine Wut auf dich.«
»Sind Sie nicht so empfindlich!«	»Ich ______
»Sie sind aber schnell beleidigt!«	______
»Sie haben ja gut reden.«	______
»Sie führen immer das große Wort.«	______
»Sie haben ja keine Ahnung ...«	______

Reflexion

Es scheint Menschen – vor allem, wenn es in Gesprächen »hoch hergeht« – schwerzufallen, bei sich zu bleiben und sich (oder etwas von sich) mitzuteilen (siehe auch Nr. 3, S. 25ff., »Selbstwahrnehmung – Selbstmitteilung«). Unser Blick richtet sich auf das Gegenüber; dort landen die »Vor-*Würfe*«; wir sind – angespannt – auf der Hut, verlieren den Kontakt mit uns selbst, die *Selbstwahrnehmung* entgleitet uns.
Die Folge: Clinch, Verhärtungen, Eskalation, Verletzungen, Gesprächsabbruch, Frust, Ergebnislosigkeit ... Und nur mit großer Mühe – wenn überhaupt (»Die reden schon seit Jahren nicht mehr miteinander.«) – kommt ein neues Gespräch zustande ...

Aufgaben

1. Beobachten Sie bitte einige »Überkreuz-Gespräche« (im Klassen- oder LehrerInnenzimmer, während einer Konferenz, am Elternabend, im Schulamt – aber auch bei Talk-Shows oder in Filmszenen ...):

   – Welche Auslöser für eine Überkreuz-Kommunikation entdecken Sie?
   – Welches verbale und nonverbale Verhalten der Beteiligten nehmen Sie wahr? (Wortwahl, Lautstärke, Körperhaltung, Mimik, Gestik ...)
   – Welche Empfindungen/Gefühle vermuten Sie hinter den Äußerungen der einzelnen Personen?
   – Wie sehen die Ergebnisse und die »Endstimmung« solcher Art von Gesprächen aus?

2. Beobachten Sie sich bitte selbst (oder lassen Sie sich beobachten) in Gesprächen, in denen es »heiß hergeht«:

   – Wann und aus welchen Gründen neigten Sie zur Überkreuz-Kommunikation?
   – Wie war Ihr verbales und nonverbales Verhalten?

3. Spielszene (in der die Überkreuz-Kommunikation erlebt werden soll): Sie sind zu zweit und werfen sich »jede Menge Unverschämtheiten« an den Kopf (Lassen Sie die Klingen kreuzen!).
   Anschließend: Wie erging es Ihnen beiden? Wie war der Gesprächsverlauf, wie das Ergebnis? Welche Erfahrungen haben Sie gemacht?

Notizen: ______________________________

KV 4: Überkreuz-Kommunikation

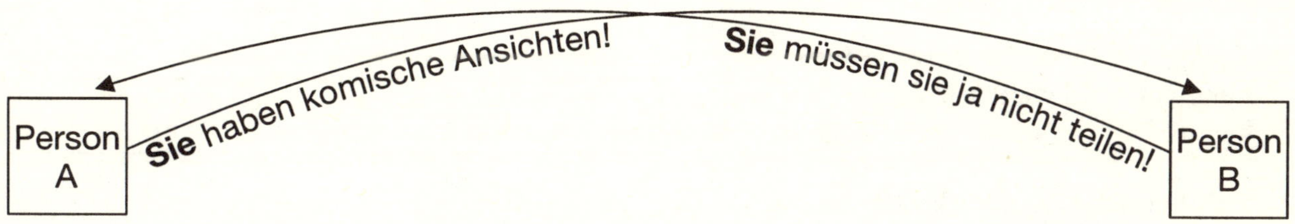

Bei dieser Form der Kommunikation kreuzen die Sprechenden ihre Klingen; sie befinden sich quasi in einer *Überkreuz-Kommunikation*.

Förderlich ist es, dieses Muster in eine *dialogische Form* umzuwandeln:

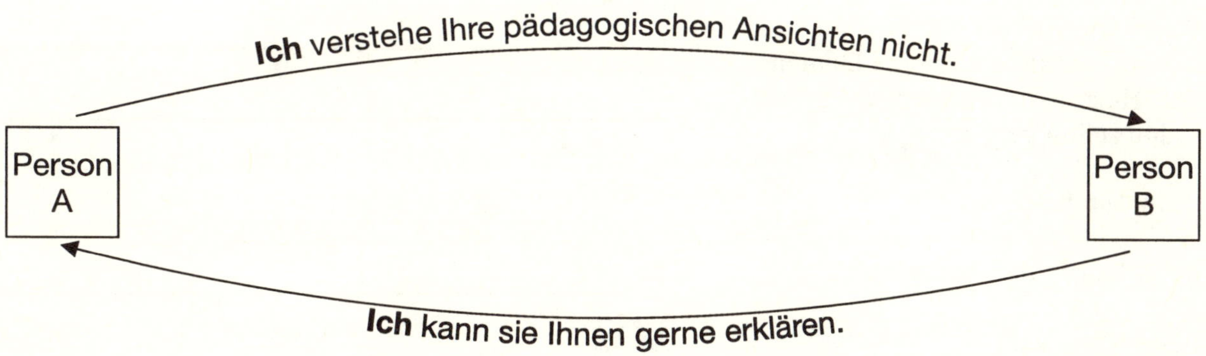

Bei dieser Art der Kommunikation werden Beschimpfungen oder Verletzungen vermieden.

Überkreuz-Kommunikation =
Die Klingen kreuzen!
Um welchen Preis?

Aufgaben

1. »Kontern« Sie bitte auf folgende Äußerungen hin (= »schießen« Sie also zurück), und achten Sie darauf, wie es Ihnen dabei geht:

Äußerungen:	*»Konterantwort«:*
a) Kollegin (süffisant): »Ihre Bewerbung hat wohl wieder nicht geklappt!?«	______________________________ ______________________________
b) Fachbereichsleiter (sarkastisch): »Ich werde wohl noch öfter Ihren Unterricht besuchen müssen.«	______________________________ ______________________________
c) Schülerin (patzig): »Sie müssen ja meine Schrift nicht lesen, wenn Sie Ihnen nicht gefällt!«	______________________________ ______________________________
d) Elternsprecher (vorwurfsvoll): »Bei Frau B. sind die Kinder aber schon weiter als bei Ihnen.«	______________________________ ______________________________
e) Schulleiter (in die Hände klatschend): »Auf, auf, meine Damen und Herren, haben Sie nicht gehört, es hat schon gegongt!«	______________________________ ______________________________

Wie ging es Ihnen

a) beim Hören der Äußerungen,	a: ______________________________
b) beim Kontern?	b: ______________________________

2. Welche Gefühle vermuten Sie hinter den jeweiligen Äußerungen?

a) Kollegin: ______________________________

b) Fachbereichsleiter: ______________________________

c) Schülerin: ______________________________

d) Elternsprecher: ______________________________

e) Schulleiter: ______________________________

3 Selbstwahrnehmung – Selbstmitteilung

Aufgaben

Versetzen Sie sich bitte in die nachfolgend beschriebenen Situationen und Personen (wobei Sie sich den Kontext noch ausführlicher vorstellen können), und notieren Sie (in der jeweils angenommenen Rolle) Ihre *Selbstwahrnehmung.* Geben Sie also bitte keine Antwort, sondern achten Sie auf die eigenen Empfindungen, Gefühle, Gedanken.

Situation I: Du bist Schülerin/Schüler, 13 Jahre alt, und schreibst eine Klassenarbeit. Die Lehrerin/der Lehrer sagt im Vorbeigehen zu Dir in freundlichem Ton:
»Das schaut aber recht gut aus, was du da machst.«

Deine Empfindung: ____________________

Situation II: Sie sind Lehrerin/Lehrer. Während einer Unterrichtsstunde teilen Sie ein Arbeitsblatt aus. Nach kurzer Zeit sagt ein Junge/ein Mädchen zu Ihnen: »Den Scheiß können Sie behalten.«

Ihre Gefühle ...: ____________________

Situation III: Sie sind Schulrätin/Schulrat und haben (nach reichlicher Überlegung und in Absprache mit anderen KollegInnen) eine Entscheidung gefällt, die auf Widerstand gestoßen ist. Ein(e) Schulleiter(in) sagt zu Ihnen: »Wieder mal typisch, diese Entscheidungen von oben.«

Sie nehmen bei sich wahr: ____________________

Situation IV: Sie sind Schulleiter/Schulleiterin, und eine Lehrerin/ein Lehrer, seit einem halben Jahr an Ihrer Schule , sagt zu Ihnen: »Ich bin wirklich sehr gerne hier, vor allem auch, weil ich mich von Ihnen und den anderen im Kollegium akzeptiert fühle.«

Ihre Empfindungen: ____________________

Reflexion

Ich habe drei Fragen an Sie:

1. Wie leicht/schwer ist es Ihnen gefallen, die *eigenen* Empfindungen, Gefühle und Gedanken wahrzunehmen?
2. Wie ging es Ihnen in den angenehmen Situationen I und IV ?
3. In welcher Situation hätten Sie am liebsten rasch »gekontert« und die Klingen gekreuzt?

Meine Erfahrungen, Beobachtungen und Erkenntnisse:

1. In entspannten, freundlichen und nicht bedrohlichen Situationen (siehe beispielsweise Nr. I oder IV) fällt es den Beteiligten leicht(er), die eigenen Empfindungen, Gefühle und Gedanken wahrzunehmen: Ich fühle mich bestätigt, ermutigt ... Ich denke: Nur weiter so ...!
2. In Situationen, die für Menschen unangenehm sind und/oder als bedrohlich erlebt werden, fällt es ihnen schwer(er), bei der Selbstwahrnehmung zu bleiben. Sie kontern, schießen zurück, werden aggressiv oder ziehen sich zurück.
   Diesem Verhalten liegt eine biologische Komponente zugrunde, nämlich Angriffs- oder Fluchtverhalten – ein verständlicher und biologisch völlig normaler (Schutz-)Vorgang.
3. In Situationen, in denen sich die Beteiligten häufig beleidigen und verletzen, eskaliert das Gespräch, das »kommunikative Hin und Her« gerät ins Wanken oder wird blockiert.

Konsequenzen:

1. Um diese Gesprächsabläufe, in denen es in Sekundenbruchteilen zu – biologisch verankerten – Entscheidungen kommt, zu entwirren und zu klären, ist in einem ersten Schritt die Achtsamkeit auf die eigene Befindlichkeit, also auf die *Selbstwahrnehmung,* zu richten, z.B.:
   - Ich fühle mich bestätigt, ermutigt, akzeptiert. Das tut mir gut ...
   - Ich ärgere mich, habe eine Wut, fühle mich angegriffen, möchte mich wehren ...
   - Ich bin sprachlos, fühle mich verletzt, möchte davonlaufen ...
2. In einem zweiten Schritt geht es dann darum zu entscheiden, welche Teile/Aspekte der Selbstwahrnehmung mitgeteilt werden; dies ist u.a. abhängig von den beteiligten Personen, von der Situation und vom Kontext, in dem das Gespräch stattfindet.
3. Bereits hier wird deutlich, wie wichtig bestimmte *Bedingungen* sind, damit Gespräche atmosphärisch angenehm und inhaltlich erfolgreich ablaufen: Abbau bedrohlich wirkender Einflüsse, Aufbau einer entspannten Atmosphäre, Akzeptanz der Beteiligten ... (Angriffs- und Fluchthaltung sind schlechte Voraussetzungen für fruchtbare Gespräche.)

Übung

Als LehrerIn, SchulleiterIn, Schulrat/Schulrätin bekommen Sie die nachfolgenden Sätze gesagt, wobei Sie den Kontext selbst wählen (Situation, Art der Beziehung, Umfeld, Ort ...). Bitte achten Sie auf sich selbst und notieren Sie Ihre *Selbstwahrnehmung* (Empfindungen, Gefühle, Gedanken ..., nicht aber Ihre mögliche Antwort!):

- Person A: »Sie kommen mir vor wie eine Marionette, mit der man machen kann, was man will.«

  ___

- Person B: »Schon seit Tagen möchte ich mit Ihnen reden, aber Sie gehen mir ja ständig aus dem Weg.«

  ___

- Person C: »Ich bin sehr froh, daß Sie mich gestern während der Sitzung in meiner Argumentation unterstützt haben.«

  ___

- Person D: »Ach, Ihre neuen Unterrichtsmethoden sind ja doch bloß wieder aufgewärmtes Zeug von gestern.«

  ___

- Person E: »Meinen Sie wirklich, daß das Kommunikationstraining Ihnen hilft, Ihre Disziplinschwierigkeiten in der Klasse abzubauen?«

  ___

- Person F: »Ich hätte nicht gedacht, daß unsere Zusammenarbeit so gut klappt. Im nachhinein bin ich richtig froh, daß ich Sie darauf hin angesprochen habe.«

  ___

(PS: Sollten Ihnen die Sätze zu losgelöst aus dem Kontext erscheinen, so bitte ich um Verständnis: Eine Trockenschwimmübung kann zwar das Schwimmen nicht ersetzen, aber eine gute Vorbereitung dafür sein.)

KV 5: Selbstwahrnehmung (LehrerInnen/Schulräte)

Bitte beziehen Sie die nachfolgenden Sätze (im jeweils von Ihnen bestimmten Kontext) auf sich und notieren Sie Ihre *Selbstwahrnehmung* (Empfindungen, Gefühle, Gedanken ...) – nicht aber Ihre mögliche Antwort:

- Während einer Notenkonferenz sagt eine Kollegin/ein Kollege zu Ihnen: »Ihre Notengebung in Klasse 5 kann doch wohl nicht mit rechten Dingen zugehen. Die ist ja viel zu gut.«

  ____

- In Ihrem Fach im Lehrerzimmer finden Sie folgende Mitteilung der Schulleitung: »Frau X/Herr Y, bitte kommen Sie nach der 6. Stunde in das Direktorat!«

  ____

- Eine Kollegin/ein Kollege sagt (in freundlichem Ton) zu Ihnen als Schulleiter(in): »Wenn Sie die Konferenz leiten, dann geht es immer recht friedlich zu.«

  ____

- Sie haben, als Schulrätin/Schulrat, einer Kollegin/einem Kollegen eine gewünschte Versetzung aus guten Gründen nicht genehmigen können und bekommen folgenden Satz zu hören: »Wissen Sie überhaupt, was Sie damit angerichtet haben?«

  ____

- Ein Vater kommt zu Ihnen in das Schulamt und beschwert sich lautstark über einige Lehrerinnen und Lehrer: »Es ist ungeheuerlich, was man sich heutzutage von der Schule alles gefallen lassen muß.«

  ____

Bei meinen Selbstwahrnehmungen fiel mir auf: ______________________

____

KV 6: Selbstwahrnehmung (SchülerInnen/Eltern)

Bitte gib auf die nachfolgenden Sätze keine Antwort, sondern notiere Deine *Selbstwahrnehmung*, also Deine Empfindungen, Gefühle, Gedanken ...

- Eine Lehrerin/einLehrer sagt (in freundlichem Ton) zu Dir: »Es ist ganz erstaunlich, welche Fortschritte du in den letzten Wochen gemacht hast.«

  ____

- Nach einer Unterrichtsstunde, in der Du super drauf warst, sagt eine Mitschülerin/ein Mitschüler zu Dir: »Du bist ja nur so gut, weil du Nachhilfe kriegst.«

  ____

- Nach Meinung Deiner Eltern arbeitest Du derzeit zuwenig für die Schule und bekommst zu hören: »Du wirst schon sehen, wohin deine Faulheit noch führt ...«

  ____

* * * * * * * * * * *

Bitte geben Sie auf die nachfolgenden Sätze keine Antwort, sondern notieren Sie Ihre *Selbstwahrnehmung,* also Ihre Empfindungen, Gefühle, Gedanken ...

- Eine Lehrerin/ein Lehrer sagt zu Ihnen als Vater: »Sie sollten sich daheim mehr um die Hausaufgaben Ihres Sohnes kümmern.«

  ____

- Eine Lehrerin/ein Lehrer sagt zu Ihnen als Mutter: »Ich bin wirklich froh, daß Sie mit mir über diese Sache gesprochen haben.«

  ____

- Ihr Sohn/Ihre Tochter sagt zu Ihnen: »Die Zeugnisnoten sind dir wohl wichtiger als ich. Wie's mir geht, danach fragst du ja nie!«

  ____

Informationen

1. In den vorausgegangenen Aufgaben und Übungen wurde deutlich, wie wichtig die Selbst*wahrnehmung*, d.h. also der »innere Blick« und die Achtsamkeit auf die eigenen Empfindungen, Gefühle, Gedanken und Handlungsabsichten, für die Qualität der Selbst*mitteilung* sind.

2. Aus der Selbstwahrnehmung erfolgt die Selbstmitteilung gemäß dem Motto (nach Ruth Cohn): Nimm alles wahr und entscheide, was Du davon mitteilst! Dies hängt ab von der persönlichen Verfassung des Senders, den Bedingungen und Umständen, den beteiligten Personen und der Art der Beziehungen zueinander, den Absichten und Konsequenzen.

3. Wichtig sind also folgende Fragewörter bezüglich der Mitteilungsentscheidung:

   Wem ? – Was? – Wieviel? – Wann?

4. Anstelle der Selbstmitteilung begegnet man auch häufig dem Begriff der sog. *Ich-Botschaft*. Er stammt von Th. Gordon (aus den Büchern »Familienkonferenz« und »Lehrerkonferenz«). Ich verwende ihn ungern, weil er mir zu »technisch« und »instrumentell« erscheint (was nicht in der Absicht Gordons liegt!). Es geht nämlich gerade nicht darum, Ich-Botschaften quasi als »Instrumente« zur Verbesserung oder gar Manipulation von zwischenmenschlichen Beziehungen zu verwenden. (Die Sendung von Ich-Botschaften löst noch lange keine Konflikte.)

5. Mir geht es um wesentlich mehr, nämlich um die *Voraussetzung* und *Basis* für geglückte Kommunikation und Dialoge, und diese sind Selbstwahrnehmung und Selbstmitteilung:

Die Beziehung zum Du beginnt beim Ich.

6. Bei der Beobachtung und Analyse vieler (Konflikt-)Gespräche habe ich immer wieder festgestellt, wie schwer es den Beteiligten fällt, »bei sich zu bleiben«. Gleichzeit haben sie es als äußerst sinnvoll erlebt, wenn ihnen dies gelungen ist: Selbstwahrnehmung und Selbstmitteilung lohnen sich!

7. Die Selbstmitteilung ist innerhalb der zwischenmenschlichen Kommunikation allerdings nur *ein* Aspekt. Nach F. Schulz von Thun gibt es noch (mindestens) drei weitere (nächster Abschnitt).

Aufgaben

1. Suchen Sie sich bitte eine Gesprächspartnerin/einen Gesprächspartner. A äußert jeweils einige zusammenhängende Sätze, z.B.:

   - Lob: »Das hast du wirklich toll gemacht ...«
   - Vorwurf: »Also, das ist doch das Letzte ...«
   - Kritik: »Du hättest aber wirklich ...«
   - Anerkennung: »Also, ich muß schon sagen ...«

   B teilt nach den einzelnen Satzfolgen seine/ihre Selbstwahrnehmung mit (z.B. bei Lob: ruhiger Atem, Entspannung, Zufriedenheit ...)
   Anschließend Wechsel: B äußert jeweils einige zusammenhängende Sätze, und A teilt seine/ihre Selbstwahrnehmung mit.

2. Bilden Sie bitte eine Gruppe von vier Personen; jeweils zwei agieren, während die anderen beiden beobachten. Es werden – nach Absprache – einige Szenen gespielt, z.B.: A und B streiten sich. – C gibt D Ratschläge. – A tröstet C. – B beschuldigt D ...
   Nach jeder Szene teilen die Akteure *und* die Beobachtenden ihre Selbstwahrnehmungen mit. (Welche Wahrnehmungen über mich selbst habe ich als Akteur, welche als Zuschauer?)

3. Vergegenwärtigen Sie sich bitte Gesprächssituationen (sei es mit einzelnen oder mehreren Personen), die für Sie a) unangenehm, b) angenehm, c) bedrohlich und d) verletzend waren. Stellen Sie sich jeweils die Beteiligten vor (SchülerInnen, KollegInnen, Vorgesetzte ...), und entscheiden Sie, welche und wie viele Selbstwahrnehmungen Sie im jeweiligen Kontext mitgeteilt haben bzw. mitteilen würden.
   Z.B.: Sie haben sich vor der Klasse an der Tafel – im wahrsten Sinn des Wortes – ziemlich verrechnet, was Ihnen unangenehm ist. Was teilen Sie den SchülerInnen mit?

4. Beobachten Sie bitte Gesprächsszenen (im Schulalltag, in Talk-Shows, in Filmen ...), und versetzen Sie sich in die von Ihnen ausgewählten Personen: Was würden *Sie* in bestimmten Situationen als *Selbstmitteilung* sagen ? (Auch wenn die beobachteten Akteure keine Selbstmitteilungen von sich geben.)

Wie schwer, wie leicht sind Ihnen bei diesen Übungen *Selbstwahrnehmung* und *Selbstmitteilung* gefallen?

Notizen: ______________________________

____

____

4 Die vier Seiten einer Nachricht

Informationen

F. Schulz von Thun hat – in *Erweiterung* der Erkenntnisse von P. Watzlawick (jede Nachricht hat einen Beziehungs- und einen Inhaltsaspekt) – durch die Analyse vieler Gespräche entdeckt, daß jede Nachricht (mindestens) vier Seiten enthält:

Eine Nachricht lautet zum Beispiel:

- »Sie haben aber komische pädagogische Ansichten.«

Die vier Seiten können nun folgendermaßen aussehen:

- *Selbstmitteilungsseite* (=Was ich von mir mitteile):
  »Ich habe da ganz andere Ansichten.«

- *Beziehungsseite* (=Wie ich zu dir stehe):
  »Ich bin Ihnen gegenüber skeptisch eingestellt.«

- *Sachseite* (=Worüber ich dich informiere):
  »Es geht hier um pädagogische Ansichten.«

- *Appellseite* (=Wozu ich dich veranlassen möchte):
  »Bitte erklären Sie mir Ihre Ansichten doch genauer!«

Was Menschen *wirklich* meinen und sagen, wissen wir erst, wenn sie ihre Nachricht entschlüsseln und sie vierseitig mitteilen. Die *Nachricht allein* läßt zuviel Spielraum für Phantasien und Spekulationen übrig. Zudem wird sie von nonverbalen Signalen (Körperhaltung, Mimik, Gestik ... siehe Nr. 15, S. 107ff.) begleitet. Auch die Gefühle spielen bei den Mitteilungen eine wichtige Rolle.
Die vier Seiten einer Nachricht sind also keine Erfindung (eines oder einiger Psychologen), sondern das Ergebnis der Analyse aus vielen Gesprächen. Ob wir es wollen oder nicht: Wir sind *kommunikativ vierseitig gepolt.*
Das »Vier-Seiten-Modell« ist deshalb – vor allem in Konfliktsituationen – ein wichtiges *Klärungsinstrument,* um Irritationen und Störungen rascher wahrzunehmen, zu analysieren und zu beheben.

KV 7: Die vier Seiten einer Nachricht

Selbstmitteilung

Appell **Nachricht** Sache

Beziehung

Merkwort **BASS**

Beziehungsseite	Wie ich zu dir stehe
Appellseite	Wozu ich dich veranlassen möchte
Selbstmitteilungsseite	Was ich von mir mitteile
Sachseite	Worüber ich dich informiere

Vierseitig Hören – Vierseitig Reden!

Übungen

Bitte teilen Sie die folgenden Nachrichten vierseitig mit:

- Sie sind Schulleiter(in) und sagen (in strengem Ton) zu einem Kollegen, der zu spät kommt: »*Jetzt ist es schon 8.15 Uhr.*«

  Selbstmitteilung: ______

  Beziehung: ______

  Sache: ______

  Appell: ______

- Sie sind Schulrat/Schulrätin und sagen (sehr heiter und gelöst) zu einer Lehrerin/einem Lehrer nach einem Unterrichtsbesuch: »*Diese Stunde hat sich auch für mich gelohnt.*«

  Selbstmitteilung: ______

  Beziehung: ______

  Sache: ______

  Appell: ______

- Sie sind Lehrerin/Lehrer und sagen (etwas zögerlich) zu einem Kollegen/einer Kollegin: »*Sie unterstützen mich doch beim Elternabend?*«

  Selbstmitteilung: ______

  Beziehung: ______

  Sache: ______

  Appell: ______

- Du bist Schülerin/Schüler und sagst (als Zwischenruf vor der ganzen Klasse) zur Lehrerin/zum Lehrer: »*Wann bekommen wir denn die Klassenarbeit zurück?*«

  Selbstmitteilung: ______

  Beziehung: ______

  Sache: ______

  Appell: ______

- Sie sind Vater/Mutter und sagen (in vorwurfsvollem Ton) zur Lehrerin/zum Lehrer: »*Finden Sie nicht, daß Sie in der Klasse zu hohe Maßstäbe anlegen?*«

  Selbstmitteilung: ______

  Beziehung: ______

  Sache: ______

  Appell: ______

Informationen

Wenn Menschen vierseitig miteinander kommunizieren, dann entsteht ein »Pendeln im Quadrat« mit dem Ziel der Mitteilung, Klärung, Vereinbarung oder Abgrenzung (Nichtvereinbarung). Im Schema des sog. *Kommunikativen Vierkantschlüssels* sieht dies (immer unter Beachtung des Kontexts) folgendermaßen aus:

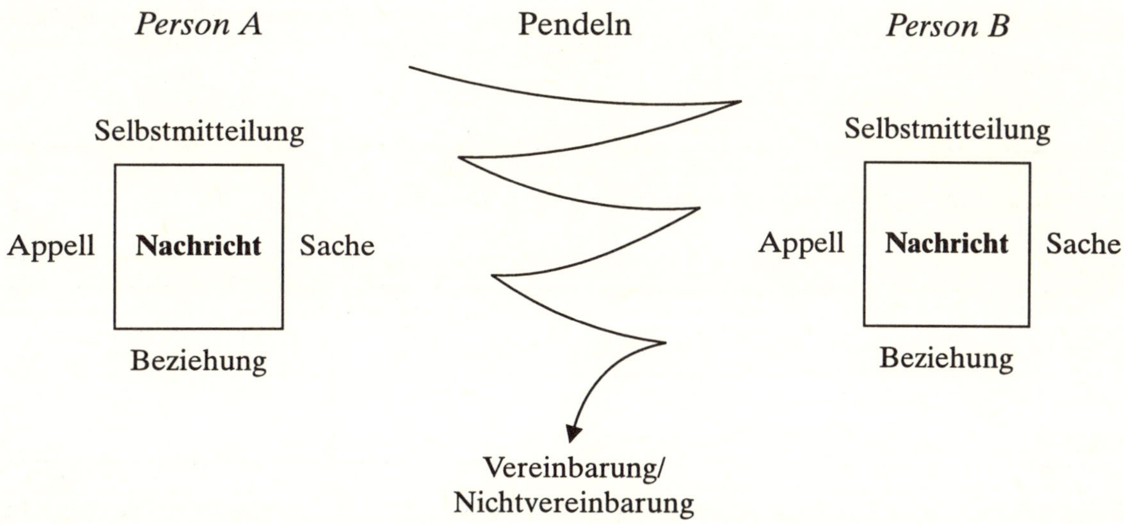

Störungen und Irritationen entstehen in erster Linie dadurch, daß Menschen in unterschiedlichen Seiten »zu Hause« sind bzw. diese bevorzugen. Z.B.:

Ein Kollege/eine Kollegin kommt ins Lehrerzimmer und sagt (leicht seufzend): »Gott sei Dank, in drei Wochen gibt's Ferien.« (Nachricht) – Und er/sie bekommt zur Antwort:

A: »Ich bin auch froh, wenn es soweit ist.« (Selbstmitteilungsseite)
B: »Du scheinst ganz schön ausgelaugt zu sein. Kann ich dir helfen?« (Beziehungsseite)
C: »Es sind übrigens noch drei Wochen und zwei Tage.« (Sachseite)
D: »Reiß Dich zusammen. Die drei Wochen wirst du wohl noch durchhalten!« (Appellseite)

Welche *Antwort* hätten *Sie* denn gerne gehabt?

Aufgaben

1. Sie sind Person A und teilen Person B eine Nachricht mit, wobei B sagt, welche Seite er/sie bevorzugt heraushört; z.B.:

   A: »Mir geht's momentan überhaupt nicht gut.«
   B hört Appell, nämlich: »Laß mich in Ruhe!« Oder: »Kümmere dich um mich!«
   Anschließend Klärung, welche Seite A bevorzugt meinte.

2. Vergegenwärtigen Sie sich bitte Gesprächssituationen und Antworten, die Sie gegeben haben. Finden Sie heraus, welche Seite(n) Sie jeweils bevorzugt haben.

   Notizen: ______________________________

3. Was vermuten Sie: Welche Seite(n) bevorzugen Sie *generell*?

   Notizen: ______________________________

4. Welche Seite(n) bevorzugen Sie beispielsweise als Lehrerin/Lehrer, im Freundeskreis, in der Familie ...

   Notizen: ______________________________

5. Notieren Sie bitte Ihre Erfahrungen/Meinung: Welche Kommunikationsseite bevorzugen beispielsweise

   - Lehrerinnen/Lehrer: ______________________________
   - Verwaltungsbeamte: ______________________________
   - Psychologinnen/Psychologen: ______________________________
   - Schauspielerinnen/Schauspieler: ______________________________
   - Mütter (bei Kleinkindern): ______________________________
   - Väter (bei Pubertierenden): ______________________________

   (Ich bitte um Nachsicht, sollte ich in meiner Phantasie zu viel pauschaliert haben. – 's ist nur der Übung wegen!)

6. Sie sind Person A und teilen Person B eine Nachricht mit. B soll auf der Seite antworten, die er/sie bei Ihnen (A) herausgehört hat. Anschließend Reflexion/Klärung: Inwieweit hat B Sie verstanden? Z.B.:

   A schaut sehnsüchtig zum Fenster hinaus und sagt: »O je, es hört ja gar nicht mehr zu regnen auf.«

   B: »Ich glaub', du würdest gerne an die frische Luft gehen?«
   (Anschließend umgekehrtes Spiel.)

   Notizen: ______________________________

Reflexion

Menschen haben ihre »guten Gründe« (die etwas mit ihren Lebenserfahrungen, Sichtweisen, Gewohnheiten, Absichten, Bedürfnissen ... zu tun haben), warum sie jeweils bestimmte Kommunikationsseiten wählen bzw. bevorzugen. Dabei hat jede Seite ihre Stärken und Schwächen:

a) Bevorzugung der Sachseite, z.B.:

– das Gesicht wahren wollen (Nur keine Gefühle zeigen)
– betont sachlich bleiben (Der Sachliche wirkt überlegen)
– sich sachlich rechtfertigen (Sachliches kann man nicht beleidigen)
+ Die sachliche Darstellung dient der Klärung.
+ Die Sachebene soll von der Beziehungsebene getrennt werden.
+ Die intellektuelle Redlichkeit nützt der Sache.

b) Bevorzugung der Selbstmitteilungsseite, z.B.:

– die Schokoladenseite betonen (Wie bin ich doch gut)
– Mitleid erheischen wollen (Ach, heute geht's mir aber schlecht)
– im Mittelpunkt stehen wollen (Schaut her und bewundert mich)
+ Ich stehe zu meinen Stärken und Schwächen.
+ Ich gebe mich so, wie ich bin.
+ Ich habe nichts zu verbergen.

c) Bevorzugung der Beziehungsseite, z.B.:

– jemanden in Abhängigkeit halten (Ich als deine Mutter/dein Vater ...)
– jemanden psychisch erpressen (Wenn du das und das tust, dann ...)
– Eigenerfahrungen verhindern (Mir kannst du ruhig glauben ...)
+ Das Ich erfährt in der Beziehung zum du Bereicherung.
+ Erst der Abstand schafft Beziehung (M. Buber).
+ Nähe und Distanz können erfahren werden.

d) Bevorzugung der Appellseite, z.B:

– den moralischen Zeigefinger erheben (Das darfst du aber nicht tun!)
– jemanden vereinnahmen (Du machst jetzt sofort, was ich sage!)
– andere ablehnen (Hau ab, verzieh dich ...!)
+ Es ist wichtig, jemanden zu warnen oder zu schützen.
+ Es ist ein Zeichen des Vertrauens, wenn Wünsche mitgeteilt werden.
+ Wer keine Appelle mehr aussendet, hat womöglich resigniert.

Notizen: ______________________________

Aufgaben

1. Wenn Sie an *Ihre* bevorzugten Kommunikationsseiten denken: Welche Gründe haben Sie – auch mit Hilfe der umseitigen Reflexion – dafür gefunden?

   Notizen: ______________________________

2. Führen Sie bitte mit jemandem ein Gespräch über ein ausgewähltes Thema und »pendeln« Sie gegenseitig zwischen den vier Seiten hin und her. Beobachten Sie dabei (durch gelegentliche Stopps), inwieweit Sie in den jeweiligen Seiten übereinstimmen bzw. Sie sich von ihnen entfernen.

Übung

Geben Sie bitte auf die folgenden Aussagen »seiten*konträre*« Antworten (um das Bewußtsein für Kommunikationsstörungen zu schärfen):

Kollegin: »Sei doch nicht immer gleich so aggressiv!« (Appellseite)	Kollege: »Gefühle muß man ausleben, das ist gesund.« (Sachseite)
Schulrat: »Ich bin auch nur ein Mensch – und stehe unter Zwängen.« (Selbstmitteilungsseite)	LehrerIn: ______________________________
Lehrer: »Mit mir ist heute gar nicht gut Kirschen essen, das sag' ich Euch gleich.« (Beziehungsseite)	Schüler: ______________________________
Schulleiterin: »Das Schulfest war nach Meinung aller eine gelungene Sache.« (Sachseite)	Kollege: ______________________________
Vater/Mutter: »Unser Kind geht gerne zu Ihnen in die Schule.« (Beziehungsseite)	LehrerIn: ______________________________
Schülerin: »Sie haben ja doch immer das letzte Wort.« (?)	Lehrer: ______________________________
Ich als Autor: »Ich bevorzuge die Selbstmitteilungsseite.«	Sie: ______________________________

5 Kommunikationsstile

Informationen

Wie Sie gesehen haben, bevorzugen Menschen bestimmte Kommunikationsseiten, die wieder – nach F. Schulz von Thun – auf verschiedene Kommunikationsstile hinweisen, die Menschen pflegen. Er unterscheidet acht spezifische Stile (die ich noch durch »Stärke-Schwäche-Merkmale« ergänzt habe):

Stil	Grundsatz	»Stärke«	»Schwäche«
bedürftig-abhängig	Ich bin hilflos und abhängig.	Als Hilfloser bin ich stark.	Ich klammere, halte fest.
helfend	Ich stehe dir bei.	Ich helfe, ich bewirke.	Ich bevormunde, mache abhängig.
selbst-los	Ich bin ganz für dich da.	Ich setze mich total ein.	Ich opfere mich auf, verliere mich.
aggressiv-entwertend	Du bist schuld, Du bist ...	Ich behaupte mich.	Ich unterdrücke, verletze.
sich beweisend	Ich bin ohne Fehl und Tadel.	Ich bin selbstbewußt.	Ich überschätze mich.
bestimmend-kontrollierend	Das macht man so ...	Ich beherrsche die Sache.	Ich halte fest, vereinnahme.
sich distanzierend	Ich stehe darüber.	Ich habe den Überblick.	Ich lasse mich auf nichts ein.
mitteilungsfreudig-dramatisierend	Hoppla, hier hier bin ich.	Ich teile mich mit, bin offen.	Ich falle auf die Nerven.

Auch wenn Menschen meist schwerpunktmäßig *einen* Stil bevorzugen, so sind sie doch in der Lage, auch andere Stile – je nach Situation und Kontext – zu pflegen bzw. ihr »Kommunikationsrepertoire« zu erweitern. (In jedem/jeder von uns sind gleichsam, mehr oder weniger, alle acht Stile vorhanden; entscheidend ist, ob wir sie wahrnehmen und wie wir damit umgehen.)

Fragen

1. Welcher Kommunikationsstil ist – nach Ihrer eigenen Einschätzung – bei Ihnen besonders ausgeprägt? (Selbstwahrnehmung):

   ____

2. Welche(n) Kommunikationsstil(e) halten Menschen, die Sie näher kennen, bei Ihnen für besonders ausgeprägt? (Fremdwahrnehmung):

   ____

3. Was vermuten Sie? Welche Kommunikationsstile

   a) ergänzen sich: ______________________________

   b) »reiben« sich: ______________________________

   c) widerstreiten sich: ______________________________

   (Konkret: Wer kann mit wem gut, weniger gut bzw. gar nicht gut kommunizieren oder auskommen? – In einem Kollegium von beispielsweise 35 Personen sind Kommunikationsstörungen quasi »vorprogrammiert«.)

4. Sehen Sie – nach Ihrer Erfahrung und Einschätzung – einen Zusammenhang zwischen Berufsgruppe und Kommunikationsstil? (Z.B. bei PolitikerInnen, LehrerInnen ...)

Reflexion

Die Art, wie wir kommunizieren, hat zum einen etwas mit unserer Persönlichkeitsstruktur und zum anderen mit unserer Sozialisation und den damit zusammenhängenden »kommunikativen Lernerfahrungen« zu tun. Dies erklärt sowohl die Vielfalt und Lebendigkeit des nonverbalen und verbalen Mitteilens als auch die Störanfälligkeit und Irritationen auf Grund des Andersseins. Das heißt: Kommunikationsschwierigkeiten und Nichtverstehen sind normal.
Allerdings: Da Kommunizieren gelernt worden ist, kann es auch verändert, reguliert, umgeformt werden. Wir können das Reden gleichsam als »Spielball« benützen und verantwortungsbewußt und professionell im »Quadrat der vier Seiten« pendeln und uns der Kommunikationsstile bedienen.
Doch auch das »Spielen«, »Pendeln« und »Bedienen« will gelernt sein!

Aufgabe

Lassen Sie bitte einige Ihrer (beruflichen) Bezugspersonen vor Ihrem geistigen Auge Revue passieren, vergegenwärtigen Sie sich deren Kommunikationsstile und notieren Sie Ihre eigene Befindlichkeit und Reaktion:

Stil	*Befindlichkeit, Reaktion*
Kollege X bedürftig-abhängig	Ich fühle mich von ihm bedrängt, ziehe mich zurück ...
helfend	
selbst-los	
aggressiv-entwertend	
sich beweisend	
bestimmend-kontrollierend	
sich distanzierend	
mitteilungsfreudig-dramatisierend	

Die Kommunikationsstile sind die bunten Steine im Mosaik der Gespräche.

Übungen

1. Stellen Sie sich bitte folgende Situation vor: Sie haben im Lehrerzimmer geäußert, daß Sie ziemliche Schwierigkeiten mit der Klasse 9b haben. Daraufhin sprechen einige KollegInnen Sie an. Stellen Sie bitte im nachhinein deren jeweiligen Kommunikationsstil fest:

Äußerung:	*Kommunikationsstil:*
A: »Du, ich muß unbedingt mit dir reden. Gestern hat doch tatsächlich ...«	______________
B: »Geht's dir nicht gut? Kann ich dir irgendwie helfen?«	______________
C: »Wenn du nicht weiterweißt: Du kannst mich jederzeit anrufen.«	______________
D: »Ach ja, die 9b! Die schaff' ich auch nie. Die schafft höchstens mich.«	______________
E: »Na, machst du mal wieder einen Mauerblümchentrip?«	______________
F: »Die 9b? Keine Probleme. Mach's einfach wie ich, nämlich ...«	______________
G: »O, mir kann so was nicht passieren. Bei meiner Erfahrung ...«	______________
H: (Kein Kommentar)	______________

2. Lesen Sie bitte die obengenannten Äußerungen noch einmal, und notieren Sie für jeden Satz getrennt *Ihre eigene Befindlichkeit*, die die Mitteilungen bei Ihnen auslösen:

   A (z.B.): Ich fühle mich übergangen ... B: ______________

   C: ______________ D: ______________

   E: ______________ F: ______________

   G: ______________ H: ______________

3. Und schließlich: Was würden Sie am liebsten jeder einzelnen Person antworten:

   A »Laß mich doch in Ruhe!« (Appell) B: ______________

   C: ______________ D: ______________

   E: ______________ F: ______________

   G: ______________ H: ______________

KV 8: Kommunikationsstile

Menschen kommunizieren unterschiedlich. F. Schulz von Thun weist in diesem Zusammenhang auf acht verschiedene Kommunikationsstile hin:

STIL	GRUNDSATZ
bedürftig-abhängig	Ich bin hilflos.
helfend	Ich stehe dir bei.
selbst-los	Ich bin ganz für dich da.
aggressiv-entwertend	Du bist schuld, du bist ...
sich beweisend	Ich bin ohne Fehler.
bestimmend-kontrollierend	Das macht man so ...
sich distanzierend	Ich stehe darüber.
mitteilungsfreudig-dramatisierend	Hoppla, hier bin ich.

Aufgaben

1. Beschreiben Sie bitte Situationen, in denen Sie unterschiedliche Kommunikationsstile gepflegt haben, und nennen Sie Gründe dafür:

   Situation I: ______________________________

   Kommunikationsstil: ______________________________

   Grund: ______________________________

   Situation II: ______________________________

   Kommunikationsstil: ______________________________

   Grund: ______________________________

2. Vergegenwärtigen Sie sich bitte Personen, mit denen Sie sich gut bzw. nicht gut verstehen, und notieren Sie den jeweils von Ihnen vermuteten Kommunikationsstil:

Personen:	*Kommunikationsstil:*
A: ____________________	____________________
B: ____________________	____________________
C: ____________________	____________________
D: ____________________	____________________
E: ____________________	____________________

3. Notieren Sie bitte: Wie viele verschiedene Kommunikationsstile entdecken Sie

   a) in Ihrem Kollegium: ______________________________

   b) in der Klasse X oder Y: ______________________________

   c) in Ihrer Familie: ______________________________

   d) im Freundeskreis: ______________________________

6 Streitgespräche

Wenn Menschen mit unterschiedlichen Kommunikationsstilen aufeinandertreffen, so kann es des öfteren »Streit« geben; Grund genug, sich damit einmal näher zu befassen:

Fragen

1. Was kommt Ihnen bei dem Wort *Streiten* in den Sinn?
2. Gibt es aus Ihrer Sicht Ähnlichkeiten zwischen der sog. Überkreuz-Kommunikation und dem Streiten?
3. Was gefällt Ihnen, was mißfällt Ihnen am Streiten?
4. Was tun Personen, wenn sie streiten?
   Sie werden laut; sie lassen die Meinung des/der anderen nicht gelten;

   sie ______________________________
5. Was tun Personen, wenn sie sich (wieder) versöhnen?
   Sie werden ruhiger; sie entschuldigen sich (wofür?);

   sie ______________________________

   ____

   Was verstehen Sie unter »fairem Streiten«? ______________________________

   ____

Anmerkung: Amerikanische Mediziner und Psychologen haben festgestellt, daß Paare/Partner, die Konflikte offen und fair austragen, gesünder leben. Je negativer sie sich verhielten (sarkastisch, zurückweisend, ablehnend ...), desto schwächer wurde gleichzeitig ihr Immunsystem, und ihr Krankheitsrisiko erhöhte sich. Ungelöste Beziehungskonflikte machen also körperlich und seelisch krank!

Ihre Erfahrungen: ______________________________

____

KV 9: Streitbeispiele

»Und schon geht der Streit los.« (Umfrage bei Prominenten)

Fredy Kogel (ZDF-Unterhaltungschef) und Freundin Benita

Er will tauchen, sie hat Angst:
Sie: »Ich will nicht ins tiefe Wasser rein.«
Er: »So ein Quatsch; hier gibt es keine Haie.«
Sie: »Aber vielleicht Seeschlangen.«
Er: »Wenigstens den Kopf kannst du mal unter Wasser halten.«
Sie: »Nein!«
Er: »Dann laß es eben bleiben.«
Sie: »Dann mach's doch alleine. Du kannst mich mal ...«

Fritz Rau (Konzertveranstalter) und Frau Gisela

Er haßt das Meer und sie die Berge:
Er: »Ich gehe nicht an den Strand. Ich bleibe im Zimmer.«
Sie: »Du kannst doch nicht den ganzen Tag im Zimmer sitzen.«
Er: »Ich bin ein rothaariger Typ, die Sonne ist für mich der reine Wahnsinn.«
Sie: »Du siehst aus wie ein Mehlsack.«

Christian Ude (OB von München) und Frau Edith

Er will lange schlafen, sie will früh bummeln gehen:
Sie: »Alle Menschen mit Sinn und Verstand stehen in südlichen Ländern früh auf.«
Er: »Aber Ausschlafen im Urlaub ist nun mal meine größte Freude.«
Sie: »Du kannst mittags eine Siesta machen.«
Er: »Nicht mal im Urlaub kann ich ausschlafen.«

Reflexion

In den drei Beispielen zeigt sich folgendes Gesprächsverhalten: Person A äußert ein Bedürfnis (einen Wunsch, ein Vorhaben), das von Person B nicht aufgenommen und akzeptiert, sondern bagatellisiert, abgewertet oder negiert wird:

Person A:	*Person B:*
»Ich will nicht ins tiefe Wasser.«	»So ein Quatsch.«
»Ich geh' nicht an den Strand.«	»Du kannst doch nicht ...«
»Ausschlafen ist meine größte Freude ...«	»Du kannst mittags eine Siesta machen.«

Die »eigentliche Botschaft« von Person A wird nicht wahrgenommen. (Das Vier-Seiten-Modell wäre hier bei der Decodierung eine große Hilfe.)
Das Gespräch eskaliert oder wird abgebrochen. Zudem bestimmt jeweils die eine Person, was die andere tun bzw. lassen soll. Lösungen sind nicht in Sicht. Sie sind aber möglich, wenn z.B.:

a) die verschiedenen Sichtweisen (Bedürfnisse, Wünsche) ohne Kommentare *geäußert* werden können und *akzeptiert* werden;
b) die sich daraus ergebenden Handlungskonsequenzen durch »Pendeln im Quadrat« austariert und realisierbare Alternativen *angeboten* werden;
c) Vereinbarungen oder *Entscheidungen getroffen werden*, die für beide Seiten akzeptabel sind.

Die Pseudovereinbarung besteht nicht darin, daß A unter Zwang/Druck das tut, was B will, sondern daß jede Person von sich aus, also in Eigenbewegung und nicht fremdbestimmt, zur Entscheidung kommt, z.B.:

Person A:	*Person B:*
»Ich will nicht ins tiefe Wasser.«	»Und ich möchte nicht allein ins Meer hinausschwimmen.«
»Ich habe Angst; ich schwimm' nicht so gut.«	»Ich kann deine Angst verstehen.«
»Ich bleibe am Strand und sehe dir zu.«	»Ich freu' mich, daß ich nicht alleine bin.«
»Bis zum Knie gehe ich vielleicht ins Wasser.«	»Ich schwimm' aufs Meer hinaus und winke dir zu.«
»Und hinterher können wir gemeinsam am Strand liegen.«	»... und du reibst mir den Buckel ein ...«

Es kann sein, daß anfangs für Sie diese Art des Dialogs etwas gekünstelt wirkt; aber wenn die grundsätzliche Bejahung der Selbstbestimmung erfahren wird, werden auch im Laufe der Zeit die Gespräche entsprechend flüssig geführt.

Aufgaben

1. Decodieren Sie bitte die Äußerungen aus den Streitszenen (S. 46) und notieren Sie die (von Ihnen vermutete) »eigentliche Botschaft«:

Äußerungen:	*»Eigentliche« Botschaft:*
a) Fredy: »So ein Quatsch, hier gibt es keine Haie.«	(Z.B.): »Ich möchte gerne mit Dir tauchen gehen.«
b) Gisela: »Du kannst doch nicht den ganzen Tag im Zimmer bleiben.«	______________________
c) Gisela: »Du siehst aus wie ein Mehlsack.«	______________________
d) Edith: »Alle Menschen mit Sinn und Verstand stehen in südlichen Ländern früh auf.«	______________________

2. Suchen Sie sich bitte eine Gesprächspartnerin/einen Gesprächspartner.
Thema: Sie wollen ins Kino gehen, er/sie will daheim bleiben.

   a) Streiten Sie darüber!
   b) Finden Sie eine Lösung ohne Streit!

   Notizen (Wie es uns erging): ______________________

   ____

3. Beobachten Sie bitte Streitszenen im Fernsehen, und notieren Sie einige Verhaltensweisen der Streitenden:

   ○ Körperhaltung: ______________________
   ○ Körperbewegungen: ______________________
   ○ Gesichtsausdruck: ______________________
   ○ Gestik: ______________________
   ○ Stimme /Lautstärke: ______________________
   ○ Einige Sätze: ______________________
   ____
   ○ Ihre eigenen Empfindungen: ______________________
   ____
   ○ Streitgewinn: ______________________
   ○ Streitverlust: ______________________

Mein Streitkommentar

Ich halte nichts von Streitereien und vom Streiten, wenn damit Vorwürfe, Schuldzuweisungen, Beschimpfungen, Eingriff in die Autonomie der einzelnen und Mißachtung von Personen gemeint sind. So betrachtet kann es auch keine »Streitkultur« geben (vgl. auch »Erfahrungen zum Thema Kritik«, S. 99). Ich kann jedoch, ohne zu streiten,

a) klipp und klar meine Meinung sagen
b) unverfälscht meine Gefühle (Wut, Zorn, Ärger) äußern
c) mich behaupten und Forderungen stellen
d) mich von anderen Meinungen distanzieren, andere Sichtweisen ablehnen
e) Sichtwechsel vornehmen und andere Stellungnahmen bedenken, mich von anderen Meinungen distanzieren
f) mich zur Wehr setzen, verteidigen, abgrenzen
g) schweigen, mich zurückziehen, das Gespräch beenden
h) aus dem Feld gehen ...

Es hat – aus meiner Sicht – keinen Sinn, dem anderen *meine* Wahrheit, *meine* Wirklichkeit aufzudrängen, sie ihm überzustülpen oder so lange an ihm herumzuschnitzen, bis er in mein »Puzzle« paßt. Aber ich kann ihm meine Sichtweisen, Meinungen, Wünsche ... so deutlich zeigen wie nur möglich – und mein Gegenüber entscheidet dann, was es damit machen will.
Es ist allerdings nichts dagegen einzuwenden, wenn Menschen unter »Streiten« sachliche Auseinandersetzungen verstehen und um die Wahrheit bemüht sind. Häufig wird allerdings das Rechthaben als Sieg und das Nichtrechthaben als Niederlage gewertet und empfunden, was zu unterschiedlichen Gefühlsreaktionen führt. (Wie geht es dem Sieger, wie dem Verlierer?) Beim »Streiten« geht es also nie nur um Sachen, sondern immer auch um Personen, die diese Sachen vertreten.

Ich spiele nicht mehr mit, wenn folgendes Verhalten deutlich wird:

- Ich sehe es richtig, du siehst es falsch.
- Meine Meinung gilt, die deine nicht.
- Ich befehle, du gehorchst.
- Ich setze mich durch, du beugst Dich.
- Ich habe gewonnen, du hast verloren.
- Ich bin o.k., du bist nicht o.k.

Streiten heißt:
dem Gegenüber seine Wirklichkeit nehmen
und an deren Stelle die eigene setzen wollen.

7 Übersetzung von Nachrichten

Informationen

Menschen haben unterschiedliche Gesprächserfahrungen und -fähigkeiten: Die einen sind in der Lage, offen, klar und unmißverständlich Mitteilungen über ihre Person, Gedanken, Gefühle, Handlungen ... zu geben. Die anderen verschanzen sich hinter Fassaden, machen Vorwürfe, klagen an, senden versteckte Nachrichten. Die einen hören und sprechen sehr dezidiert »vierseitig«, bei den anderen muß danach gesucht werden, was sie *wirklich* meinen; z.B.:

Versteckte Botschaften	*Meine »Übersetzung«*
Schulleiter: »Sie sind genauso unpünktlich wie Ihre Schüler!«	Er meint wohl: »Bitte kommen Sie pünktlich zum Unterricht.« (Ich höre die Appellseite.)
Kollegin A: »Da muß ich Ihnen aufs heftigste widersprechen.«	Sie meint wohl: »Ich habe da ganz andere Ansichten ...« (Ich höre die Selbstmitteilungseite.)
Eltern: »Ihre Vorgängerin hat das aber ganz anders gemacht.«	Sie meinen wohl: »Wir haben kein Vertrauen zu Ihnen und Ihrer Arbeit.« (Ich höre die Beziehungsseite.)

Übersetzungen bedürfen der Rückfrage und Vergewisserung, denn sie sind ja Entschlüsselungen *des Empfängers*. Die Aufgabe besteht darin, so lange im »Vierkantschlüssel« zu pendeln, bis eine Klärung zwischen Sender und Empfänger erzielt worden ist.
Hinter meinem »Übersetzungsanspruch« steht die Sichtweise, daß Menschen letztlich nur sich selbst oder etwas von sich mitteilen können (und nicht über die anderen). Sie teilen also mit,

- was *sie* von sich sagen (= Selbstmitteilung)
- wie *sie* zu jemandem stehen (= Beziehung)
- worüber *sie* informieren (= Sache)
- wozu *sie* jemanden veranlassen wollen (= Appell)

(»Du Rindvieh« ist zwar *zu* jemandem gesagt, meint aber in Wirklichkeit, wie es dem *Sender* geht und wie er zu jemandem steht – nicht aber wie der Empfänger sich fühlt oder gar ist!)
Es geht also um autonome Mitteilungen von A nach B bzw. von B nach A und nicht um Manipulationen, die A an B anstellt und umgekehrt.

Übungen

Bitte hören Sie die nachfolgenden Botschaften mit »vier Ohren«, und übersetzen Sie sie entsprechend:

Klassensprecherin (8a) – in feindseligem Ton – zu einer Lehrerin, die Englisch unterrichtet und zu Schuljahresbeginn neu in die Klasse kommt:
»Sie haben hier gar nichts zu sagen. Sie kriegen wir auch noch klein – wie Ihre Vorgängerin!«

Selbstmitteilung: ______________________________

Beziehung: ______________________________

Sache: ______________________________

Appell: ______________________________

Wenn Sie diese Lehrerin gewesen wären und die Nachricht decodiert hätten: Wie wäre Ihre Gefühlslage *vor* beziehungsweise *nach* Ihrer Übersetzung gewesen?

Lehrerin/Lehrer: »Verdammt noch mal, haltet gefälligst euren Mund. Schon tausendmal habe ich euch gesagt, ihr sollt ruhig sein!«

Selbstmitteilung: ______________________________

Beziehung: ______________________________

Sache: ______________________________

Appell: ______________________________

Wenn Sie Schüler/Schülerin wären: Welche Empfindungen hätten Sie angesichts dieser Mitteilung?

Lehrerin/Lehrer: »Mensch, kapierst du denn das nicht? Hast du denn dein Hirn beim Hausmeister abgegeben?«

Selbstmitteilung: ______________________________

Beziehung: ______________________________

Sache: ______________________________

Appell: ______________________________

Wenn Sie dieser Schüler gewesen wären: Was hätten Sie am liebsten geantwortet?

Lesen/spielen Sie bitte diese Äußerungen jemandem anderen vor, und bitten Sie anschließend um seine jeweiligen Übersetzungen. Vergleichen Sie diese dann mit den eigenen, und sprechen Sie über die Vielfalt des »vierseitigen Hörens«.

Notizen: ______________________________

____

Reflexion

Wenn wir die geäußerten Botschaften (z.B. Vorwurf, Kritik, Anschuldigungen ...) übersetzen, reagieren wir anders, als wenn wir sie für »bare Münze« nehmen: Aus einem Vorwurf hören wir möglicherweise eine Bitte, aus einer Anschuldigung einen Hilferuf, aus einer Anklage Gefühle von Wut heraus. Mit Bitte, Hilferuf und Gefühlen (Wut) ist aber besser umzugehen als mit Vorwurf, Anschuldigung oder Anklage. (Schema siehe nächste Seite!)
So betrachtet hat die Übersetzung von Botschaften einen zweifachen Sinn:

a) Zum einen kann sie den Empfänger vor psychischen Belastungen schützen, weil er durch das Übersetzen sich distanziert und nicht alles auf sich bezieht (»Wer mich beleidigt, bestimme ich!«).
b) Zum anderen verhilft sie dem Empfänger zur deutlicheren Erkenntnis der Wirklichkeit des Senders. Das Übersetzen ist ein guter Weg zum Verstehen des anderen, wobei es der Rückfrage/Vergewisserung bedarf:

»Stimmt meine Übersetzung mit deiner Wirklichkeit überein bzw. kommt sie ihr nahe?«
»Du bist aber komisch« kann dann heißen:»Ich komme mit dir nicht zurecht.«
»Du bist arrogant« kann dann heißen: »Ich fühle mich dir gegenüber minderwertig.«
»Du Blödmann, du Versager« kann dann heißen: »Ich bin enttäuscht von dir; ich habe mir mehr erwartet ...«

»Die Klasse ist für mein Unterrichten viel zu blöd«, sagte ein Hochschullehrer nach einer Geschichtsstunde (die danebenging) in einer 8. Hauptschulklasse. Ob er wohl meinte: »*Ich* habe es nicht geschafft. Ich glaube, *ich* kam nicht an, weil ich vielleicht zu hohe Erwartungen hatte ... *Ich* bin enttäuscht.« Leider hatte er dies alles nicht geäußert ...

Die Übersetzung hat da ein Ende, wo der Empfänger nicht mehr gewillt oder in der Lage dazu ist, z.B. bei Mißachtung der Person, bei Kränkungen, bei verbalen Verletzungen ... (Wer verletzt ist, kann nicht auch noch übersetzen.) In diesen Situationen ist es sinnvoll, die eigenen vier Seiten mitzuteilen, z.B.: »Ihre Anschuldigungen haben mich jetzt zutiefst verletzt; ich halte sie für ungerechtfertigt (Selbstmitteilung). Ich fühle mich nicht mehr in der Lage, das Gespräch mit Ihnen weiterzuführen (Beziehung) und beendige es hiermit (Sache). Bitte gehen Sie jetzt (Appell)!« ...

KV 10: Übersetzung von Nachrichten (Schema)

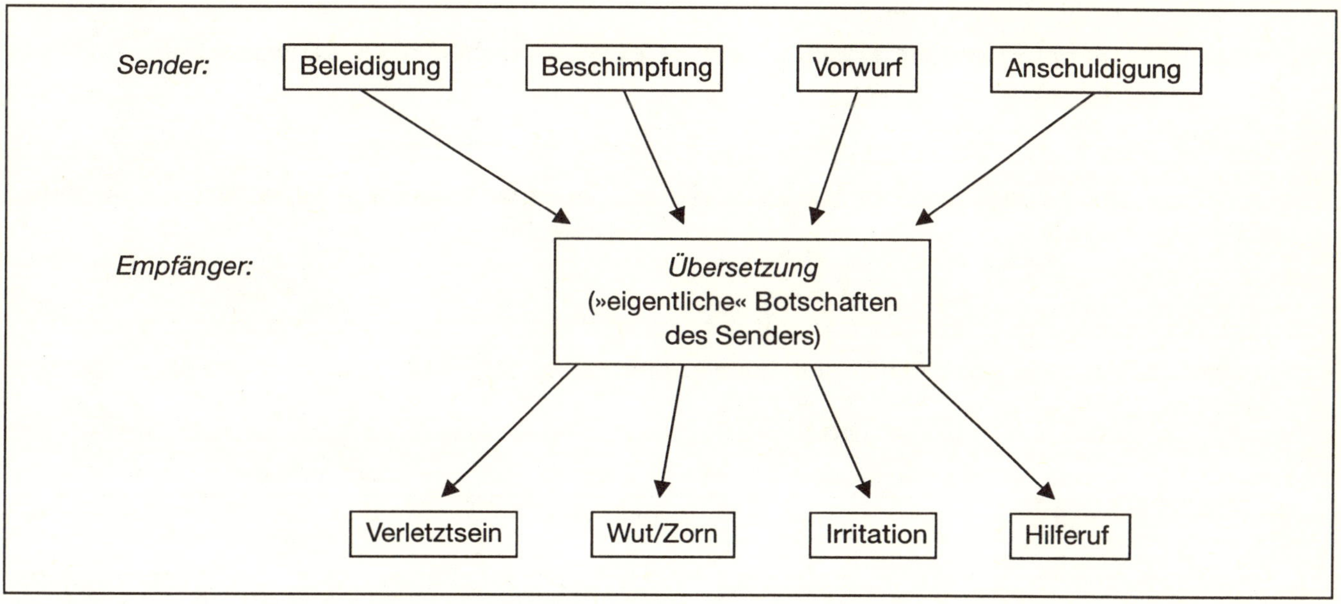

Es geht immer um die »EIGENBEWEGUNG« des Senders, also darum,

- wie es *ihm* geht (Selbstmitteilungsseite)
- wie *er* zum Empfänger steht (Beziehungsseite)
- worüber *er* informieren will (Sachseite)
- wozu *er* den Empfänger veranlassen möchte (Appellseite)

Aufgaben

1. Notieren Sie bitte, was Sie alles aus den nachfolgenden Botschaften des Senders »heraushören« (= übersetzen), wobei Sie sich den Kontext selbst ausgestalten:

   Mutter (mit monotoner Stimme) zum Lehrer: »Der Peter macht ja doch nur, was er will.«

   ____

   Lehrerin (mit eindringlicher Stimme) zum Schulrat: »Sie müssen meinem Versetzungsantrag unbedingt zustimmen!«

   ____

   Schulrätin (mit leicht gereiztem Tonfall) zum Lehrer: »Es ist Ihr Problem, wenn Sie meine Ratschläge nicht annehmen.«

   ____

2. Bitte reagieren Sie auf die nachfolgenden Äußerungen auf dreierlei Art und Weise: a) durch »Zurückschießen« (Warte, Dir geb' ich's!), b) durch Selbstmitteilung (Wie es mir geht) und c) durch Übersetzung (Was ich der Botschaft entnehme):

   A: »Sie sind doch wirklich das Letzte ...!«
   B: »Kommen Sie mir bloß nicht mit solchen Ausreden!«
   C: »Sie mit Ihren ewigen Gefühlsäußerungen!«
   D: »Gib's doch zu, daß Du wieder mal nichts getan hast!«

3. Was hören Sie aus folgenden Botschaften heraus, die Sie als Lehrerin/Lehrer bekommen:

   Schülerin: »Ich komme bei Ihnen im Unterricht prima mit.«
   Schüler: »Hoffentlich spielen wir heute wieder Volleyball.«
   Vater: »Mein Sohn erzählt ganz begeistert von Ihnen.«
   Mutter: »Meine Tochter mag Sie sehr.«

4. Botschaften übersetzen bedeutet für mich:

   ____

   ____

Erfahrungen

Vor vielen Jahren stand ich als junger Lehrer auf dem Schulhof und hörte, wie ein Junge (der mich nicht sah), zu einem Mitschüler sagte: »Der Miller ist doch das größte Arschloch von der Schul'!« Ich drehte mich um und fragte ihn: »Sag mal, hast du so 'ne Wut auf mich?« Völlig verdutzt starrte er mich an und antwortete dann zögerlich: »Ja, und wie ...!«
Später, im Klassenzimmer, sprachen wir dann alle miteinander über diesen »Kurzdialog« und darüber, wie wir uns mitteilen. Ich erinnere mich noch gut, was ich damals als Impuls von den Schülerinnen und Schülern an die Tafel schrieb, z.B.:

- »Du bist aber doof.« = Ich kann's besser als du.
- »Du blöde Sau!« = Ich ärgere mich über dich.
- »Du Hure, du Wichser ...« = Ich hab 'ne Sauwut auf dich.
- »Du Arschloch.« = Redensart, einfach so dahergesagt.

Usw.

Es folgten viele Gespräche darüber, wie wir freundlicher und echter miteinander umgehen könnten – und entsprechende Taten ...
Etwa ein Jahr später: Ich bekomme Schulratsbesuch. Als beim Eintritt in das Zimmer meine Sechstkläßler nicht gleich aufstehen, sondern im Sitzen freundlich grüßen (wie sie es bisher immer getan haben), brüllt der Besucher sie an: »Könnt Ihr nicht aufstehen!?« Worauf Andreas in ruhigem Ton erwidert: »Das Brüllen sind wir hier nicht gewohnt.« (Ich gebe zu, meine Gefühlslage schwankte zwischen tiefer Freude über diesen Satz und Bangen über die Reaktion des Schulrats ... der übrigens diese Äußerung von Andreas »schluckte« und kommentarlos anschließend meinen Unterricht beobachtete.)
Etwa wieder ein Jahr später: Ich gebe Zeugnisse aus und frage: »Na, wie geht's euch denn, wenn ihr heute mittag heimkommt?« Darauf Thomas: »O je, da scheißt mich mein Vater aber zusammen, wenn er meine Noten sieht.« – Stille – Plötzlich sagt Sabine: »Du, ich glaub', der macht sich Sorgen um dich.« Und Thomas: »Das wär' nicht schlecht, wenn er das zu mir sagen würde.« (Da blieb mir die Spucke weg ...)
Im nachhinein dachte ich: Ein Mädchen einer 7. Hauptschulklasse hat das feine Empfinden und kann eine »Vorwurfsbotschaft« übersetzen, nämlich:
»Du fauler Sack« = »Junge, ich mach' mir Sorgen um dich!« Es bedarf keiner großen *intellektuellen* Anstrengung, sondern der Fähigkeit zum genauen Hinhören und zur Einfühlung.

Jetzt wissen Sie, liebe Leserin, lieber Leser, warum für mich das »Übersetzen« in der Schule (und anderswo) so wichtig geworden ist.

KV 11: Übersetzung von Nachrichten (Text)

1. Hinter dem »Übersetzunganspruch« steht die Sichtweise, daß Menschen letztlich nur *sich selbst* oder *etwas von sich* mitteilen können, nämlich

- was *sie* von sich sagen (= Selbstmitteilung)
- wie *sie* zu jemandem stehen (= Beziehung)
- worüber *sie* informieren (= Sache)
- wozu *sie* jemanden veranlassen wollen (= Appell)

2. Die Übersetzung von Nachrichten hat einen zweifachen Sinn:

   a) Zum einen kann sie den Empfänger vor psychischen Belastungen schützen, weil er durch das Übersetzen sich distanziert und nicht alles auf sich bezieht (»Wer mich beleidigt, bestimme ich.«).

   b) Zum anderen verhilft sie dem Empfänger zur deutlicheren Erkenntnis der Wirklichkeit des Senders. Das Übersetzen ist ein guter Weg zum Verstehen des anderen, wobei es der Rückfrage/Vergewisserung bedarf:

»Stimmt meine Übersetzung mit deiner Wirklichkeit überein bzw. kommt sie ihr nahe?«
»Du bist aber komisch« kann dann heißen: »Ich komme mit dir nicht zurecht.«
»Du bist arrogant« kann dann heißen: »Ich fühle mich dir gegenüber minderwertig.«
»Du Blödmann, du Versager« kann dann heißen: »Ich bin enttäuscht von dir, ich habe mir mehr erwartet.«

3. Die Übersetzung hat da ein Ende, wo der Empfänger nicht mehr gewillt oder in der Lage dazu ist, z.B. bei Mißachtung der Person, bei Kränkungen, bei verbalen Verletzungen ... (Wer verletzt ist, kann nicht auch noch übersetzen ...) In diesen Situationen ist es sinnvoll, die eigenen vier Seiten mitzuteilen.

Botschaften übersetzen heißt, der Wirklichkeit des anderen zur Sprache zu verhelfen.

Aufgaben

Notieren Sie bitte, was Sie alles aus den nachfolgenden Botschaften »heraushören«:

Was gesagt wird:	*Was ich alles heraushöre:*
Ein Schüler sagt zu Ihnen als Lehrerin/Lehrer (nachdem Sie ihn schon längere Zeit nicht mehr aufgerufen haben): »Sie können mich ja doch nicht leiden.«	
Eine Mutter sagt zu Ihnen als Schulleiter/Schulleiterin (nachdem Sie ihr aufmerksam zugehört hatten): »Schade, daß mein Sohn Sie nicht als Lehrer(in) hat.«	
Ein Schulleiter sagt zu Ihnen als Schulrat/Schulrätin (nachdem Sie ihn auf Klagen der Eltern hingewiesen haben): »Das ist alles dummes Zeug. Wir haben hier in der Schule keine Probleme.«	
Eine Mitschülerin sagt zu Dir als Banknachbarin (nachdem Du eine Eins im Diktat bekommen hast): »Du könntest mich ja auch mal von dir abschreiben lassen.«	
Eine Lehrerin/ein Lehrer sagt zu Ihnen als Elternvertreter (am ersten Elternabend): »Damit Sie es gleich wissen: Hier im Gymnasium weht ein anderer Wind als in der Grundschule.«	

Variante: Geben Sie dieses Aufgabenblatt mehreren Personen mit der Bitte um Bearbeitung, und vergleichen Sie anschließend mit ihnen die »Hör-Ergebnisse« = Was wir alles *unterschiedlich* herausgehört haben.

(Und da sage noch jemand, Verstehen wäre einfach!)

8 Du-Botschaften

Informationen

Im letzten Abschnitt wurde deutlich, wie wichtig die Übersetzung von (Du-)Botschaften ist, vor allem, wenn sie aus Anklage, Vorwurf und Beleidigungen bestehen. Dennoch haben – im entsprechenden Kontext – Du-Botschaften auch ihre eigene Qualität, nämlich als

1. Beschreibung von Vorgängen:

»Du hast dein Auto im Parkverbot geparkt.«
»Du bist gestern nach mir nach Hause gekommen.«

2. Rückmeldung (Feedback):

»Du wirkst heute auf mich sehr zerstreut.«
»Du kommst mir vor wie eine Marionette, die ...«

3. Vorwurf, Kritik:

»Du hättest besser aufpassen sollen.«
»Du hast ja keine Ahnung.«

4. Bewertung:

»Du (bist ein) Rindviech!«
»Du bist lieb.«

Der Sender hat es nicht in der Hand, wie seine Du-Botschaften vom Empfänger gehört (= entschlüsselt) werden und ob sie beispielsweise als *Beschreibung, Rückmeldung, Vorwurf/Kritik* oder als *Bewertung* verstanden werden.
So kann bei dem Satz »Du hast dein Auto im Parkverbot geparkt« der Empfänger fragen: Warum sagt er (der Sender) mir das? Will er mir Unannehmlichkeiten ersparen? Soll ich jetzt gleich das Auto wegfahren? Wieso mischt er sich in Dinge ein, die ihn nichts angehen? Ich bin doch nicht blöd ...
Gar nicht so einfach mit den Du-Botschaften und den möglichen Übersetzungen dahinter. Deshalb sind auch hier wieder Rückfrage und Vergewisserung notwendig, um Klärung herbeizuführen – und um eventuell Streitigkeiten zu vermeiden.

Übungen

1. Du-Botschaften können beim Empfänger ein Vielerei an Gefühlen und Empfindungen *auslösen*. Vermuten Sie, was es bei den nachfolgenden Aussagen alles sein kann:

Lehrer/Lehrerin:	*Gefühle, die bei den SchülerInnen ausgelöst werden können:*
A: »Du hast dich in Mathe tapfer geschlagen. Respekt!«	____________________
B: »Wie konntest du nur ...? So ein Schwachsinn.«	____________________
C: »Du bist dümmer, als es die Polizei erlaubt.«	____________________
D: »Mit dieser Arbeit hast du mir eine große Freude gemacht.«	____________________
E: »Ach, jetzt bekommst du wohl kalte Füße ...«	____________________
F: »Du hast mich durch deine Bemerkung sehr verletzt.«	____________________
G: »Siehst Du, das hast du jetzt davon. Hättest du nur ...«	____________________
H: »Wie schön, daß du wieder gesund bist.«	____________________

2. Bitte betrachten Sie noch einmal die Sätze A bis H, und notieren Sie, welche *Empfindungen* Sie aus den Mitteilungen der Lehrerinnen/Lehrer heraushören.

A: ____________________	B: ____________________
C: ____________________	D: ____________________
E: ____________________	F: ____________________
G: ____________________	H: ____________________

Reflexion

Die genannten Beispiele haben gezeigt, wie unterschiedlich Du-Botschaften gemeint sind, mit welchen Intentionen sie gesendet werden und was sie beim Empfänger auslösen können.
Kleinkinder, die zu sprechen beginnen, sagen mit großer Selbstverständlichkeit und spontan Ich-Botschaften, z.B.: »Ich habe Hunger. Ich möchte spielen. Ich bin müde ...« In diesem Zusammenhang beschäftigt mich immer wieder die Frage, warum später im Erwachsenenleben so unverhältnismäßig häufig Du-Botschaften auftauchen.
Um einer Antwort näher zu kommen, habe ich in vielen Spielszenen mit Erwachsenen einen kleinen Jungen dargestellt, der Ich-Botschaften an sie richtete. In den meisten Fällen bekam ich von den Erwachsenen keine Ich-Botschaften zurück, sondern meist nur Appelle. Das hörte sich dann folgendermaßen an:

Reinhold, als kleiner Junge:	*Die Erwachsenen:*
»Ich langeweile mich so.«	»Quengel nicht schon wieder!«
»Ich habe Hunger.«	»Jetzt gibt's noch nichts.«
»Ich bin müde.«	»Dann geh schlafen.«

Was wohl der kleine Reinhold durch diese Antworten gelernt hat ...?

Es hätte auch so sein können:

»Ich möchte mit dir spielen.«	»Ich bin sehr müde.«
»Ich habe Hunger.«	»Ich mache dir nachher etwas.«
»Ich langweile mich.«	»Was möchtest du denn tun?«

Was wohl der kleine Reinhold durch diese Antworten gelernt hätte?

Übrigens: Nach einer amerikanischen Untersuchung bekommen Vierjährige pro Tag etwa 420 Appelle, (davon sind 80 positiv formuliert); bei 14 Wachstunden ist dies etwa alle zwei Minuten ein Appell: »Sei still, komm her, iß, kau, schluck, mach dich nicht schmutzig ...!«

Und schließlich: Letztlich lösen die Du-Botschaften (vor allem, wenn sie als überdeutliche Appelle gesagt werden) beim Empfänger Verspannungen und Verkrampfungen aus. Entweder er formuliert dann wieder selbst Du-Botschaften, geht in Angriff über oder zieht sich zurück.

Fazit: Die Chancen und Möglichkeiten zum geglückten Dialog ergeben sich weitaus mehr durch Ich-Botschaften (= Selbstmitteilungen) auf beiden Seiten als durch die (häufig blockierenden) Du-Botschaften.

Aufgaben I

1. Beobachten Sie bitte Gespräche (in beruflichen Situationen, im Fernsehen ...), und notieren Sie die wahrgenommenen Du-Botschaften; anschließend erfolgt Ihre Einschätzung/Bewertung. Welche haben Sie als förderlich, welche als blockierend empfunden?

   Notizen: ______________________________

2. Beobachten Sie bitte Gespräche (in beruflichen Situationen, im Fernsehen ...), und richten Sie dabei Ihren Blick auf die Personen, die eine Du-Botschaft erhalten haben: Wie sind deren Reaktionen (verbal, nonverbal)?

   Notizen: ______________________________

3. Bilden Sie bitte eine Kleingruppe, in der zwei Personen ein Gespräch führen, das immer wieder verschiedene Arten von Du-Botschaften enthält (Beschreibung, Rückmeldung, Vorwurf/Kritik oder Bewertungen). Die Zuhörer notieren ihre Interpretation der gehörten Du-Botschaften. Anschließend erfolgt eine Rückmeldung in der Gruppe unter der Fragestellung: Was war die Du-Botschaft-Absicht der beiden Sender – und welche Arten von Du-Botschaft haben die ZuhörerInnen in der Gruppe herausgehört?

4. Notieren Sie bitte, was Sie aus den nachfolgenden Du-Botschaften »heraushören«:

Du-Botschaft:	*Ich höre heraus:*
a) Kollege: »Du hättest mich informieren sollen.«	______________________________
b) Eltern:« Sie sind viel zu nachsichtig in der Klasse.«	______________________________
c) Schulleiterin: »Sie haben in der 6. Stunde Vertretung in Klasse 5c.«	______________________________
d) Schulrat: »Sie haben schon lange keine Fortbildung mehr gemacht.«	______________________________
e) Schüler: »Sie sind unsere beste Lehrerin.«	______________________________

Aufgaben II

1. Notieren Sie bitte Gesprächssituationen, in denen Sie (mehr oder weniger rasch) Du-Botschaften auf den Lippen haben, z.B.:

   a) Immer, wenn ich mich gestreßt fühle ...

   b) ______________________________

   c) ______________________________

2. Erinnern Sie sich bitte an Gesprächssituationen, in denen andere Ihnen Du-Botschaften mitteilten, und notieren Sie Ihre Reaktionen, z.B.:

   a) Situation I: Gespräch im Kollegium zum Thema Teamarbeit; Sie hören die Äußerung: »Du hast bestimmt wieder keine Zeit.«

   Ihre Antwort: ______________________________

   b) Situation II: ______________________________

   ____

3. Notieren Sie bitte Du-Botschaften, die Sie in bestimmten Situationen als »stimmig« und angemessen empfunden haben; z.B.:

   a) Situation I: Kurz vor einer Notenkonferenz sagt eine Kollegin/ein Kollege: »Du hast mir noch nicht deine Notenliste für das Fach Biologie gegeben.« (Empfinde ich als sachliche und korrekte Bemerkung.)

   b) Situation II: ______________________________

   ____

4. Beobachten Sie Gesprächssituationen, und notieren Sie die dort geäußerten Du-Botschaften. Machen Sie sich bitte die Mühe (und eventuell auch den Spaß), sie in Ich-Botschaften umzuformulieren (was, zumindest anfänglich, ein mühsames Unterfangen sein kann); z.B.

Du-Botschaft:	*Meine umformulierte Ich-Botschaft:*
Person X: »Sie haben ja viel zuviel Ferien.«	»Ich bin neidisch und hätte auch gern mehr Urlaub.«
Person B: ______________	»Ich ... ______________
______________	______________

KV 12: Du-Botschaften

1. Du-Botschaften haben ihre eigene Qualität, z.B. als

   a) Beschreibung von Vorgängen:

   »Du hast dein Auto im Parkverbot geparkt.«
   »Du bist gestern nach mir nach Hause gekommen.«

   b) Rückmeldung (Feedback):

   »Du wirkst heute auf mich sehr zerstreut.«
   »Du kommst mir vor wie eine Marionette, die ...«

   c) Vorwurf/Kritik:

   »Du hättest besser aufpassen sollen.«
   »Du hast ja keine Ahnung.«

   d) Bewertung:

   »Du (bist ein) Rindviech.«
   »Du bist lieb.«

2. Die Du-Botschaften können beim Empfänger anders ankommen, als sie der Sender gemeint hat. Deshalb ist auch hier wieder die Rückfrage/Vergewisserung notwendig.

3. Die Chancen und Möglichkeiten zum geglückten Dialog ergeben sich weitsaus mehr durch Ich-Botschaften (= Selbstmitteilungen) auf beiden Seiten als durch die (häufig blockierenden) Du-Botschaften, die beim Empfänger Verkrampfungen und Verspannungen auslösen können, die wiederum Angriff oder Rückzug bewirken.

Wenn Sie die Wahl haben:
***Ich**zen ist besser als **Du**zen!*

9 Beziehungsblocker

Informationen

In manchen Du-Botschaften verbergen sich auch sog. Gesprächs- oder Beziehungsblocker, z.B.:

a) Ein Schüler/eine Schülerin kommt mit einer Aufgabe nicht zurecht:
   - »Hör auf zu jammern, und sieh, daß du fertig wirst!«
   - »Wenn du dich nicht zusammenreißt, schaffst du das nie.«
   - »Du mußt mehr lernen, wenn du hier mitkommen willst.«
   - »Streng dich an, bald gibt's Zeugnisse!«

b) Ein Schüler/eine Schülerin macht einen Fehler:
   - »Entweder bist du dumm, faul oder sonst was.«
   - »Du benimmst dich wie ein Schulanfänger.«
   - »Also, wenn du es jetzt noch nicht kapiert hast ...«
   - »Hättest du aufgepaßt, dann ...«

Diese und ähnliche Sätze drücken Bagatellisierung, Vorwürfe und Abwertung aus und wirken sich blockierend auf die zwischenmenschlichen Beziehungen aus. Die Betroffenen reagieren gewöhnlich folgendermaßen. Sie

- fühlen sich gemaßregelt und unterlegen
- fühlen sich kleingemacht und schuldig
- fühlen sich unverstanden
- werden ungehalten und widerspenstig
- gehen zum Gegenangriff über
- sinnen verbissen auf Rache
- resignieren und ziehen sich zurück
- werden apathisch und lustlos
- halten sich selbst für wertlos
- schalten auf »Durchzug« ...

Durch die blockierenden Äußerungen versucht der Sender, sich selbst »aus dem Spiel zu nehmen« und den Empfänger zur *Ablage* seiner *eigenen Befindlichkeit* zu machen. Der Sender ist sich meist nicht bewußt, daß er damit mehr über sich selbst als über die Gesprächspartner aussagt.

Fragen

1. An welche Beziehungsblocker erinnern Sie sich besonders, vor allem, wenn Sie sie bis in Ihre Kindheit zurückverfolgen?

   Notizen: ______________________________

2. Aus Ihrer Sicht: Was bringt Menschen dazu, Beziehungsblocker zu äußern?

   Notizen: ______________________________

3. Was empfinden Sie, wenn Sie folgende Beziehungsblocker zu hören bekommen:

Beziehungsblocker:	*Meine Empfindungen/Gefühle:*
A: »Mit dir kann man auch keinen Blumentopf gewinnen.«	______________________________
B: »Dir kann man aber auch gar nichts überlassen.«	______________________________
C: »Du bist wohl als Kind zu heiß gebadet worden.«	______________________________
D: » Sie haben wohl nicht alle Tassen im Schrank?«	______________________________
E: »Merken Sie denn nicht, daß das Schnee von gestern ist?«	______________________________
F: »Ihnen kann man aber auch nicht über den Weg trauen.«	______________________________

4. Welche Einstellungen/Haltungen stehen hinter den blockierenden Äußerungen? Welche Gefühle – offen oder versteckt – kommen zur Sprache?

   Notizen: ______________________________

5. Welche Empfindungen des *Senders* vermuten Sie hinter folgenden Äußerungen?

Blockaden:	*Vermutete Empfindungen:*
A: »Nenne mir auch nur eine Person, die mit dir auskommt.«	______________________________
B: »Du kannst mir ja doch nicht das Wasser reichen.«	______________________________

Reflexion

Ähnlich wie bei den Du-Botschaften handelt es sich bei den Gesprächs- und Beziehungsblockern (auch Killerphrasen genannt) um eine Wechselwirkung zwischen Sender und Empfänger (bei der man häufig vergeblich nach einem Anfang sucht):
Person A, durch irgendeine Bemerkung/Handlung von Person B aufgebracht, äußert ihren Unmut durch eine Gesprächsblockade, auf die wiederum eine Blockade erfolgt, z.B.:

A: »Hättest du doch aufgepaßt!«
B: »Hab' ich doch! Dauernd motzt du an mir herum.«
A: »Mach' ich die Fehler oder du?«
B: »Kein Mensch ist fehlerfrei, schon gar nicht, wenn man ihn laufend kritisiert.«
A: »Sei nicht so empfindlich!«
B: »Weißt du was, mach deinen Dreck alleine ...«

Die hinter diesen Äußerungen stehenden (häufig starken) Empfindungen und Gefühle werden als Anschuldigungen, Vorwürfe, Entwertungen ausgesprochen, die vom Empfänger als Bedrohung erlebt werden. Der »physiologische Erregungsapparat« stellt sich auf »Angriff oder Flucht« ein (ein lebenserhaltendes »Programm«, das in unserem Zwischenhirn gespeichert ist). Dementsprechend sind auch seine Reaktionen:
Angriff: Brüllen, Aggressionen, Verletzungen ...
Flucht: Schweigen, Rückzug, Depressionen, Selbstverletzungen ...

Bei Bedrohung werden wir nun nicht unsere (im Gehirn früh erlernten) Lebenserhaltungsprogramme vollständig verändern können, aber wir können dreierlei:

a) Bedingungen schaffen, die wir nicht, kaum oder weniger als bedrohlich erleben,
b) Kommunikationsmuster lernen, die keine oder weniger Blockaden enthalten und die wir als sozialverträglich akzeptieren,
c) uns für verbale Übergriffe entschuldigen, Wiedergutmachungen leisten und die Beziehungen wieder aufbauen und pflegen.

Beziehungsblocker werden ersetzt durch sozialverträgliche Kommunikationsmuster.

Aufgaben

1. Erinnern Sie sich bitte an Beziehungsblocker, die Sie in letzter Zeit gemacht oder die Sie bei anderen beobachtet haben, und beschreiben Sie die Bedingungen und Befindlichkeiten, die Sie wahrgenommen haben:

Bedingungen:	*Befindlichkeiten:*
z.B.: Ich mitten auf dem Schulhof während der großen Pause	Fühlte mich allein, überfordert, handlungsunsicher
b: ______________________	______________________
c: ______________________	______________________

2. Beobachten Sie bitte in einem Gespräch die Beziehungsblocker und die jeweiligen nonverbalen und verbalen Reaktionen der Beteiligten.

   Notizen: ______________________________

3. Versetzen Sie sich bitte in Situationen, in denen Sie verbal angegriffen wurden und Vorwürfe bekamen, die Sie als Beziehungsblocker erlebten:

   a) Was nahmen Sie an körperlichen Empfindungen wahr?
   b) Welche Gefühle kamen in Ihnen hoch?
   c) Was haben Sie geantwortet?
   d) Was hätten Sie am liebsten getan, aber unterlassen?
   e) Was hätten Sie in Ruhe und nach einiger Zeit geantwortet?

   Notizen: ______________________________

(Die »besten« Antworten fallen uns – leider – immer erst hinterher ein. Logisch, da sind wir ja auch entspannt, und unser Gehirn hat *Zeit* zum Überlegen und Reagieren!)

4. Führen Sie bitte ein Zweiergespräch, in dem Sie

   a) Beziehungsblocker bekommen und sie ebenso zurückgeben und
   b) auf Beziehungsblocker durch Selbstmitteilungen antworten.

Wie erging es Ihnen bei Aufgabe a und wie bei Aufgabe b?
Wie schwer, wie leicht fiel es Ihnen, auf Blockaden mit Selbstmitteilungen zu antworten?

KV 13: Beziehungsblocker

1. Bei Beziehungsblockern handelt es sich um Äußerungen, die als bagatellisierend, verletzend und abwertend erlebt werden und auf die die Empfänger mit »Angriff« oder »Flucht« reagieren.

Beispiele:

»Geh doch hin wo der Pfeffer wächst!«

»Mit dir kann man aber auch keinen Blumentopf gewinnen.«

»Sie sind wohl als Kind zu heiß gebadet worden!?«

»Sie sind ja flüssiger als Wasser, nämlich überflüssig.«

Usw. usw. usw.

2. Hinter den Beziehungsblockern stehen im Grunde genommen *Selbstaussagen* des Sender, z.B.: Ich komme mit meinen eigenen Gefühlen, mit bestimmten Personen oder Situationen nicht zurecht; ich fühle mich überfordert, gestreßt, bedroht, ausgeliefert; ich bin hilflos, ärgerlich, wütend ... Beziehungserhaltend und förderlich ist es, den eigenen Zustand (im Rahmen der Möglichkeiten) mitzuteilen und die Gesprächspartner nicht als *Ablage* der in Wirklichkeit eigenen Befindlichkeiten zu benutzen.

3. Um möglichst blockadefreie oder zumindest blockadearme Gespräche zu führen, ist es bedeutsam, bestimmte Bedingungen herzustellen z.B.:

   a) eine entspannte Atmosphäre schaffen
   b) sich Zeit nehmen
   c) die Selbstwahrnehmung verstärken und dann erst
   d) die Achtsamkeit auf das Gegenüber richten.

Erst auf dem Boden
einer stabilen Beziehung
können die Sachen geklärt werden.

Übungen

1. Notieren Sie bitte die (vermuteten) Selbstaussagen von Personen, die hinter folgenden Beziehungsblocker stehen können:

Beziehungsblocker:	*Vermutete Selbstaussagen:*
Partner zur Partnerin: »Hör mit deinem blöden Geheule auf!«	Ich ertrage es nicht, wenn du weinst.
Lehrerin zum Schüler: »Du hast wohl nicht alle Tassen im Schrank.«	______________________
Vater zur Tochter: »Du hältst ja doch nie, was du versprichst.«	______________________
Mutter zum Sohn: »Deine Musik kannst du im Urwald hören, aber nicht hier.«	______________________
Schülerin zum Lehrer: »Warten Sie's nur ab, bis die Abi-Zeitung rauskommt!«	______________________
Schulleiter zur Lehrerin: »Kommen Sie mir nicht schon wieder mit Ihren Krankheitsgeschichten!«	______________________

2. Durch Äußerungen Ihrerseits ist die Beziehung zu einer Kollegin/einem Kollegen unterbrochen worden. Machen Sie bitte wieder Beziehungsangebote:

   a) »Ich war vorhin so in Wut. Meine Entgleisung tut mir leid. Ich möchte ...«

   b) ______________________

   c) ______________________

Exkurs: Ironie, Sarkasmus, Zynismus

Informationen

Ironische, sarkastische und zynische Bemerkungen werden (teils bewußt, teils unbewußt) von Menschen eingesetzt, um andere zu beleidigen, zu verletzen oder mundtot zu machen. Sie sind in hohem Maße also Beziehungsblocker. In einem Lexikon (Meyers) habe ich folgende bedenkenswerte Erläuterungen gefunden:

1. Ironie (griech.): »Verstellung, Scheinheiligkeit«, bedeutet eine Redeweise, bei der das Gegenteil des eigentlichen Wortlauts gemeint ist (nicht zu verwechseln mit der sokratischen Ironie als didaktischen Mittels, um durch fragende Unwissenheit zu Erkenntnissen zu kommen!).

2. Sarkasmus (griech.): »Zerfleischung«; beißender Spott, ins Extrem gesteigerte Form der Ironie.

3. Zynismus (griech.): »hündisches Verhalten«; destruktive, nicht nur Meinungen, sondern auch die, die diese Meinungen vertreten, verächtlich machende Kritik und radikale Infragestellung aller Wahrheiten, Werte und Normen.

Es ist somit hinreichend belegt, daß ironische, sarkastische und zynische Einstellungen/Haltungen und die entsprechenden verbalen und nonverbalen Ausdrucksweisen beziehungsblockierend, schädlich und u.U. auch destruktiv sind.

Fragen

1. Wie ist Ihre Sicht, wie sind Ihre Erfahrungen hinsichtlich ironischer, sarkastischer und zynischer Äußerungen?

   ___

2. Was sind Ihre Beweggründe, wenn Sie zu Ironie, Sarkasmus oder Zynismus greifen?

   ___

3. Wie geht es Ihnen, wenn Sie mit ironischen, sarkastischen und zynischen Bemerkungen konfrontiert werden, und wie haben Sie bisher darauf reagiert?

   ___

10 Gesprächsklima und entspanntes Reden

Informationen I

Die zahlreichen Untersuchungen zum Thema Kommunikation weisen immer wieder auf die Schädlichkeit bzw. Dysfunktionalität von Killerphrasen oder anderen Beziehungsblockern hin und betonen den hohen Stellenwert eines förderlichen Gesprächsklimas. Es entsteht allerdings nicht von selbst, sondern durch folgende Verhaltensweisen der am Gespräch beteiligten Personen:

- Wohlwollen und Vertrauen zum Ausdruck bringen
- eigene Gedanken/Gefühle wahrnehmen und äußern
- anderen zuhören und sich in sie einfühlen
- andere in ihrer Person bejahen und ihre Sichtweisen tolerieren
- Mitteilungen »übersetzen« und Rückmeldungen geben
- die sachlichen Darstellungen, Argumentationsweisen und ggf. Zwänge der Gesprächspartner ernst nehmen ...

C. Rogers, einer der Väter der Gesprächspsychotherapie, hat besonders drei Fähigkeiten als förderlich für menschliche Beziehungen hervorgehoben, nämlich Echtheit, Einfühlung und Akzeptanz. Die Erfahrung zeigt allerdings, daß sie nicht immer verwirklicht werden (können). Ein förderliches Gesprächsklima ist deshalb immer zwischen den Polen Anspruch/Wunsch und Verwirklichung angesiedelt. Aus (lern-)biologischer Sicht ist ein entspanntes Gesprächsklima insofern von Bedeutung, als es Voraussetzung für angstfreies Empfinden, klares Denken und entsprechende sprachliche Äußerungen ist. (Wer hat nicht zu stottern begonnen angesichts von Beleidigungen und Abwertungen, und wer kennt nicht die Erfahrung, vor der Klasse ein Gedicht aufsagen zu müssen ... und hilflos nach Worten zu ringen – Hirnblockaden!) Aus Verkrampfung heraus kann man schwerlich Entkrampftes oder gar Schöpferisches erwarten.
Entspannt reden können heißt, sich ohne Angst und Bedrohung mitteilen und nicht »auf der Hut« oder »auf dem Sprung« sein, sich verteidigen oder rechtfertigen zu müssen.

Angenehme Klimabereiche:
Wohlwollen und Vertrauen
Echtheit und Einfühlung
Toleranz und Akzeptanz

Aufgaben

1. Wenn Sie an Ihre eigenen Gesprächserfahrungen denken: Was macht ein angenehmes Klim aus?

   Notizen: ______________________________

2. Welche Verhaltensweisen belasten ein förderliches Gesprächsklima?

   Notizen: ______________________________

3. Ich fühle mich in einer Gesprächsrunde entspannt, wenn

   ____

4. Ich verkrampfe mich in einer Gesprächsrunde zunehmend, wenn

   ____

5. Bitte vergleichen Sie Ihre Notizen aus den Aufgaben 1–4 mit denen anderer Personen. Welche Übereinstimmungen, welche Unterschiede stellen Sie dabei fest?

   Notizen: ______________________________

6. Wenn ich entspannt reden will, brauche ich folgende Voraussetzungen:

   ____

   ____

7. Es geht nicht darum, sich in Gesprächen »perfekt« zu verhalten (Wer »Fehler« machen darf, ist lockerer!), sondern um ein förderliches Klima. Was ist diesbezüglich für Sie der Unterschied zwischen

   a) perfektem und b) angenehmem Klima?

   a) perfekt: ______________________________

   b) angenehm: ______________________________

8. Mein Beitrag für ein angenehmes Gesprächsklima:

   ____

   ____

KV 14: Fragebogen Gesprächsklima (LehrerInnen/ Schulräte)

1. Was macht – aus Ihrer Sicht – ein angenehmes Gesprächsklima aus?

   ____

2. Welche Verhaltensweisen verstärken ein gutes Gesprächsklima?

   ____

3. Welche Fähigkeiten benötigt ein(e) Gruppenleiter(in), um für ein angenehmes Klima zu sorgen?

   ____

4. Ein gutes Gesprächsklima wurde zerstört. Was haben Sie – und ggf. die anderen TeilnehmerInnen – getan, um es wieder herzustellen?

   ____

5. Ein »gutes Klima« um jeden Preis? Wie ist Ihre Meinung?

   ____

6. Wenn Sie entspannt reden wollen, was brauchen Sie

   a) für sich selbst als Voraussetzung?

   b) von den Zuhörenden als Unterstützung?

   a: ______________________________________

   b: ______________________________________

KV 15: Gesprächsklima in der Klasse (SchülerInnen)

1. Was macht – aus Deiner Sicht – ein gutes Gesprächsklima aus?

   ____

2. Was passiert, wenn ein gutes Klima zerstört wird?

   ____

3. Was erwartest Du von der Lehrerin/vom Lehrer, damit ein gutes Klima entsteht?

   ____

4. Das Gesprächsklima in Deiner Klasse hat sich verschlechtert. Was kannst Du – zusammen mit anderen – tun, damit es wieder besser wird?

   ____

5. Kann »man« ein gutes Klima erzwingen? Welche »Grenz«-Erfahrungen hast Du gemacht?

   ____

6. Wenn Du vor der Klasse oder in der Gruppe etwas sagen möchtest, was brauchst Du

   a) für Dich selbst als Voraussetzung?

   b) von den anderen als Unterstützung?

   a: ____

   b: ____

7. In welchen Situationen fällt es Dir leicht, in welchen schwer, entspannt zu reden?

   ____

Informationen II

In den 60er Jahren haben A. und R. Tausch in ihrem Buch »Erziehungspsychologie« unter dem Aspekt »Gesprächsklima« u.a. vier Dimensionen dargestellt, die – wenn auch nicht umfassend – auch heute noch hilfreich für eine Reflexion sind. Sie lauten:
Wertschätzung – Geringsschätzung / Lenkung – Selbstbestimmung.
Sie können nun, liebe Leserin, lieber Leser, die nachfolgenden Beispielsätze (LehrerIn-SchülerIn-Beziehung) in das untenstehende Raster eintragen, um deutlicher zu sehen, wie das Klima in den »Gesprächsfeldern« aussieht:

A: »Du schaffst das ja doch nie. Mach sofort, was ich dir sage!«
B: »Ich trau dir das auf jeden Fall zu. Versuch's doch mal. Paß auf, ich zeig' dir's.«
C: »Ach, mach doch, was du willst! Du schaffst das ja doch nie.«
D: »Ich trau' dir das auf jeden Fall zu und glaube, daß du schon herausfindest, wie es weitergehen könnte ...«

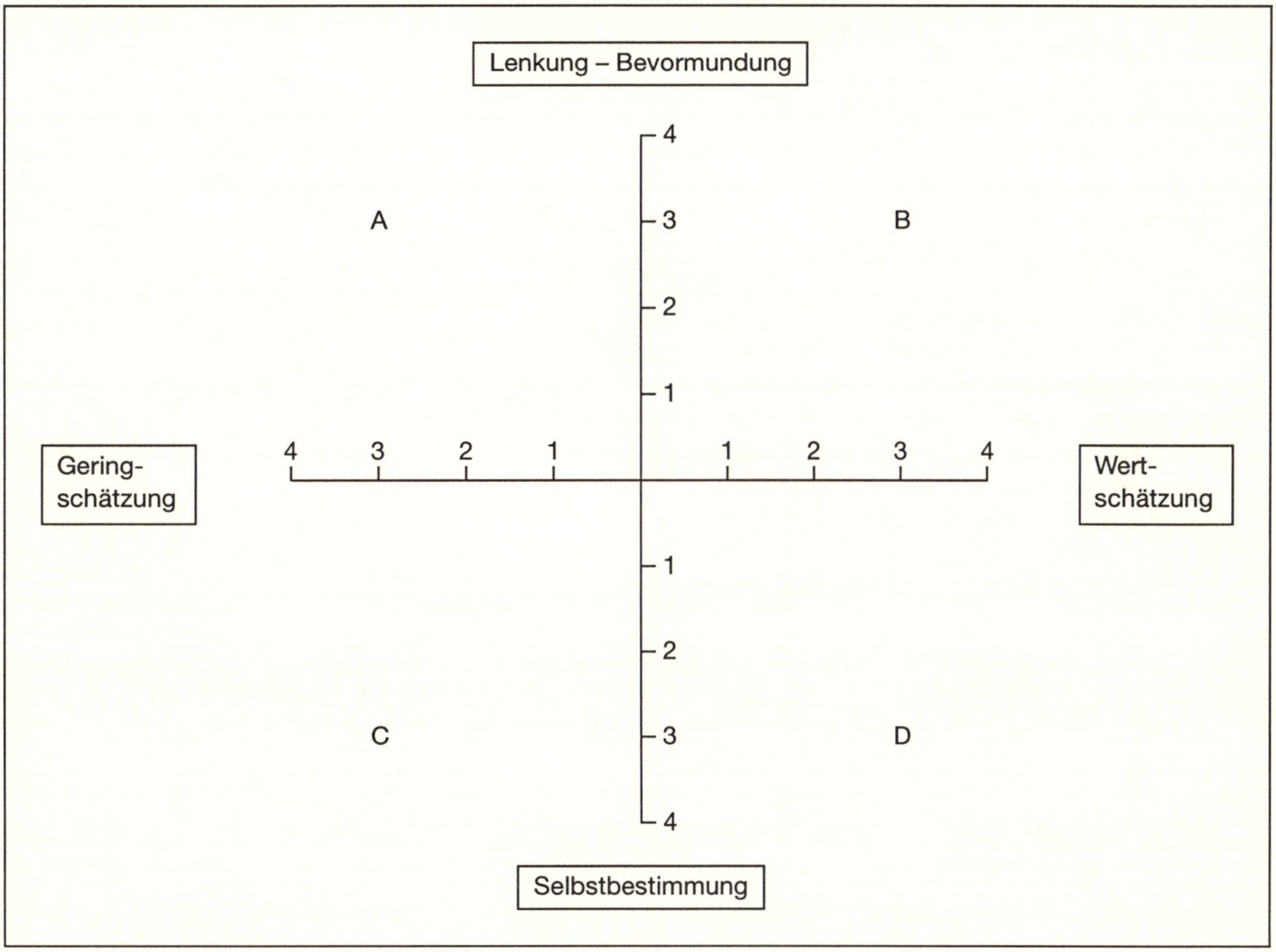

Wenn Sie überprüfen wollen:

A: Geringschätzung/Lenkung
B: Wertschätzung/Lenkung
C: Selbstbestimmung/Geringschätzung
D: Wertschätzung/Selbstbestimmung

Erfahrungen

In vielen Einzel- und Gruppengesprächen habe ich – unter dem Aspekt »förderliches Klima und entspanntes Reden« – immer wieder beobachten können, daß sich folgende Verhaltensweisen störend oder gar schädlich ausgewirkt haben:

- sich *gehetzt fühlen* und das Gespräch *antreiben* wollen
- auf andere Gesprächspartner *verbal losgehen* und sie *bedrängen*
- auf *Biegen* und *Brechen* etwas durchsetzen wollen
- in Lauer- und Angriffsstellung *verharren*
- dem anderen das Wort im Mund *verdrehen*
- sich aufeinander *einschießen*
- gegen Angriffe *gewappnet* und *gerüstet* sein und ggf. *zurückschießen*
- Mitteilungen *abwürgen* und eigene Meinungen *durchsetzen*
- als *Sieger(in)* die Arena verlassen

(Ganz »schön« kämpferisch und kriegerisch, finden Sie nicht?)

Auf der anderen Seite:
Das Sichmitteilen und Miteinanderreden ist immer auch ein Prozeß, der von Unwägbarkeiten, Mißverständnissen, Fehlverhalten und Störungen begleitet ist. Das Bewußtsein, »miteinander auf dem Weg zu sein«, nimmt den TeilnehmerInnen den Druck, perfekt sein zu müssen. An die Stelle der Perfektion treten Wachheit und Achtsamkeit für das, was im Zweier- oder Gruppengespräch geschieht. So entsteht ein förderliches Gesprächsklima, in dem die Beteiligten bisweilen auch sehr emotionsgeladen (aber nicht zwangsläufig kriegerisch) agieren können, z.B.:

- impulsiv sein und sich wieder zurückziehen
- sich heftig auseinandersetzen und sich wieder einigen
- sich deutlich einmischen und wieder zuhören
- lautstark beteiligt sein und, wenn nötig, schweigen können
- jemandem zu nahe treten und sich wieder distanzieren
- jemandem weh tun und sich entschuldigen
- sich ereifern und wieder ruhig werden
- engagiert sein und wieder lockerlassen
- zu Wort kommen, aber auch den Mund halten ...

Dieses Agieren zwischen den verschiedenen Polen zeigt die ganze Bandbreite der »Klimazonen« in Gesprächen, in denen es kalt und warm, eisig und hitzig zugehen kann, vor allem auch, was die Palette der Gefühle betrifft. Deshalb ist der rechte Umgang mit ihnen von besonderer Bedeutung:

Exkurs: Gefühlsäußerungen

Einige Aussagen aus der Schulwirklichkeit:

»Müssen Lehrer eigentlich immer ihre Gefühle äußern?« fragte mich ein »Außenstehender.«
»Bei mir kommen keine Gefühle vor«, sagte eine Lehrerin, »ich unterrichte ja nur Englisch.«
»Das hast du jetzt davon«, fauchte mich eine Kollegin an, als ich jemanden nach seinem Befinden fragte und bei ihm Tränen auslöste.
»Ich habe Angst, Gefühle zu äußern, weil ich nicht weiß, wie die anderen reagieren werden ...«, sagte ein Schulleiter nach einem Pädagogischen Tag, an dem es sehr »heiß« zuging, zu mir.
»Aber bitte, meine Damen und Herren, wir wollen doch hier sachlich bleiben«, sagte ein Diskussionsleiter, der unsachlich mit gefühlsbetont verwechselte.

Wie lieblos wir bisweilen mit unseren Gefühlen umgehen:

- Wir bekämpfen sie und kämpfen mit ihnen.
- Wir schämen uns ihrer, und sie sind uns peinlich.
- Wir würgen sie ab und verdrängen sie.
- Wir ziehen die Sachen vor und stellen die Gefühle zurück.
- Wir beschimpfen sie als »Gefühlsduselei« und nehmen sie nicht ernst.
- Wir bagatellisieren sie und drängen sie an den Rand.

Und doch sind sie da und lassen sich nicht verdrängen. Es sind die Gefühle *(Emotionen!)*, die uns bewegen:

- vor Freude *hüpfen*
- sich vor Lachen *schütteln*
- vor Scham in den Boden *versinken*
- außer sich sein und vor Wut *beben*
- vor Schmerz *schreien*
- zu nichts mehr fähig und vor lauter Angst *gelähm*t sein
- vor Glück *bersten*
- vor Neid *erblassen*

Als der Mann merkte, daß er ganz allein und einsam war, goß er sich Whisky in ein Glas und begann zu trinken. »Ich will nicht ertränkt werden«, sagte seine Traurigkeit zu ihm, »ich will mit dir reden.«

»Seid ruhig!« brüllte der Lehrer.
Da wurde es noch lauter.

Aufgaben

1. Denken Sie bitte an Ihre Kindheit, und notieren Sie Situationen, in denen

   a) Sie Gefühle offen zeigen/mitteilen durften
   b) Ihnen Gefühlsäußerungen untersagt wurden.

   Notizen:

2. Welche Erfahrungen haben Sie als Erwachsener mit Gefühlsäußerungen innerhalb Ihrer beruflichen Tätigkeit gemacht?

   Notizen:

3. Wann sind Gefühlsäußerungen aus Ihrer Sicht peinlich, wann angemessen?

   Notizen:

4. Beobachten Sie bitte Menschen in Gesprächen, und notieren Sie

   a) deren offen geäußerte Gefühle,
   b) Ihre Vermutung über deren versteckte Gefühlsäußerungen.

   Notizen:

5. Suchen Sie sich bitte ein Gesprächsgegenüber, und bitten Sie (im Rollenspiel) um

   a) lobende Äußerungen
   b) kritische Bemerkungen
   c) wütende Anschuldigungen
   d) liebevolle Hinweise

Welche Gefühle werden jeweils bei Ihnen ausgelöst?

6. Ihre Meinung:

   a) Ich bin für Gefühlsäußerungen, aber ...
   b) Gefühlsäußerungen? O ja, weil ...

7. Stellen Sie bitte sich und anderen Menschen einmal folgende Frage:
   Welche Gefühle bewerten Sie als negativ, welche als positiv?
   (Ich habe viele Menschen befragt – und bin immer wieder erstaunt über die Vielfalt der Antworten)

11 Wahrnehmung und Interpretation

Informationen

Situation: Vor einer Gruppe, bestehend aus Lehrerinnen und Lehrern, sitzt eine Person. Sie wird etwa eine Minute unter der Frage »Was sehen Sie/was seht ihr?« beobachtet. Anschließend werden die Notizen vorgetragen, z.B.: traurig, gelangweilt, frustriert, verschränkte Arme, Kopf gesenkt, müde ...
In der Reflexionsphase zeigt sich, daß die meisten notierten, wie die Person auf sie wirkte und/oder wie sie das Gesehene interpretierten – und die wenigsten, was sie wirklich sahen (= sinnliche Wahrnehmung, nach der ja gefragt wurde).
Bei Kommunikations- und Interaktionsvorgängen sind (sinnliche) Wahrnehmung, Wirkung und Interpretation immer vorhanden (was uns nicht immer bewußt ist; deshalb »springen« wir häufig gleich zur Interpretation und übergehen Wahrnehmung und Wirkung):

Wahrnehmung (= was ich sehe, höre, rieche, berühre ...): blondes Haar, Brille, Kopf nach unten gesenkt, Arme verschränkt, Beine gekreuzt ...

Wirkung: (= wie die Person auf mich wirkt): gedankenversunken, in sich gekehrt, verschlossen ...

Interpretation: (= was ich vermute, phantasiere): Sie ist dabei, über ein Problem nachzudenken oder sich eine Frage zu überlegen ...
Das eine ist also die sinnliche Wahrnehmung, die immer selektiv und überprüfbar ist, das andere die Wirkung, die immer subjektiv ist und vom Aussehen und Verhalten des Gegenübers ausgeht, und das dritte die Interpretation, die ebenfalls subjektiv ist und die eigenen Vermutungen und Phantasien zum Inhalt hat (und die dann die jeweiligen Reaktionen »produzieren«).
Unter kommunikativen Gesichtspunkten ist die Unterscheidung von sinnlicher Wahrnehmung, Wirkung, Interpretation und Reaktion höchst bedeutsam, weil dadurch ungerechtfertigte Zuschreibungen und in der Folge Störungen und Irritationen reduziert bzw. vermieden werden:

a) Ich teile mit, was ich mit meinen Sinnen wahrnehme.
b) Ich teile mit, wie Person X auf mich wirkt (nicht aber, wie sie *ist*).
c) Ich teile mit, was ich interpretiere, phantasiere, vermute, was mir also in bezug zur Person X und deren Verhalten einfällt und was sie getan haben *könnte* (nicht aber, wie sie ist oder was sie denkt, meint, fühlt, getan *hat)*.
d) Aus der Summe der sinnlichen Wahrnehmung, Wirkung und Interpretation des Geschehens erfolgt dann meine jeweilige Reaktion.

Aufgaben I

1. Beobachten Sie bitte eine Person, und notieren Sie, was Sie an ihr mit Ihren Sinnen *wahrnehmen*, wie die Person auf Sie *wirkt* und welche Interpretationen/Phantasien Ihnen dabei einfallen. Anschließend teilen Sie Ihre »W-W-I« mit und bitten um Rückmeldung: Wie hat sich Ihr Gegenüber selbst empfunden, und was kam ihm in den Sinn (= Klärung der, womöglich unterschiedlichen, Wirklichkeiten)?

2. Beobachten Sie das Verhalten einiger Personen, und notieren Sie Ihre Phantasien/Interpretationen. Beispiel: Kollege A liest im Lehrerzimmer Zeitung, ohne aufzublicken, als Sie den Raum betreten. Ihre Phantasie: Der hat was gegen mich ... Oder:

   Schülerin B: ______________________________

   Schüler C: ______________________________

Beispiel:

Während eines Trainingsseminars berichtet ein Kollege folgendes Ereignis:

Ich unterrichte, am Montag morgen, in einer 9. Klasse Hauptschule Geschichte, sehe, wie ein Mädchen den Kopf auf die verschränkten Arme gelegt hat, also schläft, rüttle sie und sage zu ihr (in ironischem Ton): »Na, hast wohl eine tolle Nacht hinter dir!?« Daraufhin beginnt das Mädchen zu weinen ...
Nach einem klärenden Gespräch erfahre ich, daß die Mutter seit zwei Wochen im Krankenhaus ist und daß das Mädchen am Wochenende den Vater und zwei kleinere Brüder versorgt hat ... Meine Reaktion tut mir heute noch leid.
In der gemeinsamen Aufarbeitung in der Lerngruppe wird dem Kollegen folgendes deutlich:

a) Mir war mein eigener Gefühlszustand, nämlich die Verärgerung über das schlafende Mädchen, nicht bewußt (wichtig: Selbstwahrnehmung!).
b) Ich habe vorschnell interpretiert/phantasiert.
c) Ich hätte anstelle der Interpretation eine Rückfrage stellen bzw. mich vergewissern sollen, was das Mädchen wirklich beschäftigt oder was mit ihm los ist.

KV 16: Wahrnehmung und Interpretation

Variante I:

Wahrnehmung	Der Lehrer beobachtet: Sabine hat den Kopf auf die verschränkten Arme gelegt.
Wirkung	Sabine wirkt auf den Lehrer abgeschlafft, desinteressiert.
Empfindung/Gefühl	Der Lehrer fühlt sich in seiner Tätigkeit mißachtet und ist deswegen verärgert.
Interpretation	Der Lehrer interpretiert: Sabine hat sich wohl die Nacht um die Ohren geschlagen.
Reaktion	Der Lehrer rüttelt Sabine und fragt sie ...

Variante II:

Wahrnehmung	Der Lehrer beobachtet: Sabine hat den Kopf auf die verschränkten Arme gelegt.
Wirkung	Sabine wirkt auf den Lehrer abgeschlafft, desinteressiert.
Rückfrage/Vergewisserung	Der Lehrer fragt nach, vergewissert sich, klärt ...
Empfindung	Der Lehrer empfindet Mitleid.
Reaktion	Der Lehrer läßt Sabine in Ruhe, unterrichtet weiter und spricht nach der Stunde mit ihr.

An die Stelle der (vorschnellen) Interpretation tritt die Rückfrage/Vergewisserung, die angemessener ist als die vorschnelle Interpretation.

Reflexion

Interpretationen/Phantasien sind sinnvoll, wenn sie Freiräume eröffnen. Hinderlich sind sie, wenn sie die Wahrnehmung und Handlungen einengen, z.B.:

Wahrnehmung	*Phantasie*
Ich habe jetzt den Wunsch, in der Konferenz etwas zu sagen.	Ich sage lieber nichts, denn ich *könnte* mich ja blamieren.
Ich möchte der Kollegin A gern etwas Nettes sagen, einfach so.	Ich sage lieber nichts, denn sie *könnte* ja meine Freundlichkeit falsch auffassen.
Ich würde gerne Kollegen B um Hilfe bitten.	Ich schweige lieber, denn er *könnte* ja meine Bitte ja als Schwäche auslegen.

Solche Phantasien blockieren und verhindern Kommunikation und Handeln: Der »Phantast« bleibt Gefangener seiner eigenen Phantasien.
Ähnlichen Phänomenen begegnen wir, wenn wir Erfahrung und Phantasie in Verbindung bringen. Menschen sagen z.B.: »Ich kann das nicht, ich trau' mir das nicht zu, ich bringe dies und jenes nicht zustande.« Haben sie die *Erfahrung* gemacht, dies und das nicht zu können, oder *meinen* (phantasieren) sie dies nur? Beziehen sich ihre Aussagen also auf zurückliegende Erfahrungen oder auf in der Zukunft liegende Möglichkeiten? Vertrauen sie ihrer eigenen *Erfahrung,* oder überlassen sie sich vorgefaßten *Meinungen*?
Wahrnehmung und Erfahrung sind zwei verläßliche Lebenspartner, wenn wir auf sie entsprechend sensibel hören. Phantasien und fixierte Meinungen im Sinne des »Was könnte ...« blockieren dagegen ein Weitergehen, ein Ausprobieren, ein Entfalten der Möglichkeiten, z.B.:

Entweder:

Meine Wahrnehmung:	*Meine Phantasie:*
Ich sehe, daß alle in der Gruppe beschäftigt sind und mich nicht beachten.	Ich bin in der Gruppe wohl nicht erwünscht.

Oder:

Meine Wahrnehmung:	*Mein Handeln:*
Ich sehe, daß alle in der Gruppe beschäftigt sind und mich nicht beachten.	Ich frage, ob ich mitarbeiten kann.

Phantasien können Räume weiten,
aber auch Wege verhindern.

Aufgaben II

1. Überprüfen Sie bitte in der nächsten Zeit, wann und bei welcher Gelegenheit Sie sich auf Ihre Wahrnehmung und Erfahrung *ver*lassen und wann Sie sich Ihrer (blockierenden) Phantasie *über*lassen.

   Notizen: ____________________

2. Notieren Sie bitte Ihre Phantasien/Interpretationen und Vorhaben in folgenden Situationen:

   Situation I: Sie kommen in eine Klasse, und niemand beachtet Sie.

   Phantasie/Interpretation: ____________________ *Vorhaben/Reaktion:* ____________________

   Situation II: Ihr Vorgesetzer leitet eine Sitzung (z.B. Dienstbesprechung) und spricht bereits über eine halbe Stunde.

   Phantasie/Interpretation: ____________________ *Vorhaben/Reaktion:* ____________________

3. Notieren Sie bitte Wirkung, Empfindung und Reaktion bei folgenden Wahrnehmungen:

   Wahrnehmung I: Sie unterrichten und bemerken, wie ein Junge plötzlich seine Beine quer auf die Bank legt und Sie dabei deutlich ansieht.

   Wirkung: ____________________

   Empfindung: ____________________

   Reaktion: ____________________

   Wahrnehmung II: Während einer Gesamtlehrerkonferenz teilt ein Kollege/eine Kollegin »Rundumschläge« an das Kollegium aus, »gewürzt« mit ironischen Bemerkungen.

   Wirkung: ____________________

   Empfindung: ____________________

   Reaktion: ____________________

(Übrigens: Empfindungen und Gefühle sind der Motor für unser Handeln. Es ist gut, sich dieses »Motors« immer wieder bewußt zu werden.)

> *Wissen ist begrenzt, Phantasie nicht.*
>
> *A. Einstein*

Exkurs: Übertragungen

Im Zusammenhang mit dem Thema »Wahrnehmung und Phantasie« ist auch das Phänomen der Übertragung zu sehen, die aus zwei »Quellen« gespeist wird:

a) Aus der Innenwelt: Anteile, sowohl negative als auch positive, aus dem eigenen Ich werden auf andere Personen übertragen; z.B.: Ich lehne jemanden ab, weil er hektisch auf mich wirkt – und weil ich die eigene Hektik in mir nicht leiden kann. Ich mag jemanden besonders, weil sie so gut zuhören kann – und weil ich das eigene Zuhörenkönnen an mir gut finde.

b) Aus der Außenwelt: Erfahrungen, sowohl negative als auch positive, aus der Vergangenheit mit anderen Menschen werden auf andere Personen übertragen, z.B.: Ich lehne jemanden ab, weil er mich in der Sprache an jemanden erinnert, der mich früher einmal sehr verletzte. Ich mag jemanden besonders, weil sie mich an jemanden erinnert, die früher gut zu mir war.

Das Kommunikationsproblem besteht darin, daß ich in meinen Äußerungen »eigentlich« nicht die jeweilige Person meine, sondern Aspekte meines eigenen Selbst oder Personen aus meiner Vergangenheit.
Die Folge: unangemessenes Handeln, Irritationen, Enttäuschungen, Fixierungen, Überschätzungen. Wenn also Kommunikationsstörungen auftauchen, die sich *hartnäckig* halten, so ist es sinnvoll, sie auch unter dem Aspekt der Übertragung zu betrachten: Was sind *meine Anteile* aus meinem Selbst und/oder aus meiner Vergangenheit/Erinnerung, die mit den derzeitigen Störungen zu tun haben?
Gehen wir also auf die Suche, das Unangenehme und Angenehme im anderen auch in uns und unserer eigenen Lebensgeschichte zu finden.

Beispiel:
Während einer Wahrnehmungsübung, in der ich der Gruppe mit freundlichem Gesicht gegenübersitze, notiert ein Teilnehmer als Wirkung »gelöst, entspannt«, während eine andere Teilnehmerin »glücklich« notiert. Auf Befragen über ihr Wort »glücklich« äußert sie sich nach einigem Überlegen: »Ich habe ›glücklich‹ geschrieben, weil ich mich heute selbst sehr glücklich fühle.«

Eine Übertragung ist immer ein »Irrtum« in Zeit, Ort und Person.

B. Langmaack

Aufgaben

1. Lassen Sie bitte einige Personen aus Ihrem Berufsfeld vor Ihrem geistigen Auge Revue passieren, die Sie besonders mögen bzw. nicht mögen: Welche davon erinnern Sie

   a) an *Personen,* deren Verhaltensweisen Sie besonders mochten bzw. nicht mochten;
   b) an Ihre *eigenen Verhaltensweisen*, die Sie an sich mögen oder nicht mögen?

   Notizen: ______________________________

   ____

2. Notieren Sie bitte Situationen, von denen Sie glauben, daß sie mögliche Übertragungen begünstigen, z.B.:

   Situation I: Zu Beginn einer Schulwoche bin ich sehr von Stimmungen abhängig; meinen Mißmut gegen mich übertrage ich auf den Nächstbesten, der mir in die Quere kommt:

   Situation II: ______________________________

   ____

   Situation III: ______________________________

   ____

3. Notieren Sie bitte, was Sie besonders an sich mögen bzw. nicht mögen, und Personen, bei denen Sie diese Eigenschaften entdecken:

Ich mag an mir:	Diese Eigenschaften entdecke ich bei:
______________	______________
Ich mag an mir nicht:	Diese Eigenschaften entdecke ich bei:
______________	______________

   Konsequenzen aus meinen »Entdeckungen«: ______________________________

   ____

12 Verstehen und Verständnis

Informationen

Die Befragungsergebnisse (siehe S. 12f.) haben sowohl auf LehrerInnen- wie auf SchülerInnenseite deutlich gezeigt, wie bedeutsam und erwünscht Verstehen und gegenseitiges Verständnis in Gesprächen sind, gleichzeitig aber auch, wie schwer es ist, diesen Wunsch zu erfüllen.
Das zwischenmenschliche Verstehen ist immer eine *Annäherungsbewegung* an die Wirklichkeit des anderen Menschen; sie kann letztlich nie ganz gelingen (sonst wären wir mit dem Gegenüber identisch). Wir können nicht mit letzter Sicherheit wissen, nachvollziehen oder verstehen, was andere Menschen wirklich empfinden, wenn sie beispielsweise Zahnschmerzen haben, in einen saftigen Apfel beißen oder einen geliebten Menschen verloren haben.
»Versteh mich bitte!« kann deshalb keine Forderung sein, sondern höchstens der Wunsch nach einer möglichst intensiven Annäherung, deren Realisierung allerdings in hohem Maße von nonverbaler und verbaler Mitteilung und entsprechend genauen Wahrnehmungen abhängt.
Die Verstehensfähigkeit von Menschen erhöht sich, wenn sie selbst möglichst vielfältige Erfahrungen gemacht haben, wenn sie in ihrer Gedanken- und Gefühlswelt Großzügigkeit offenbaren und wenn sie sich frei wissen von Vorurteilen und Bewertungen anderen Menschen gegenüber. Auch hier zeigt sich wieder deutlich die Spannung zwischen Wunsch und Wirklichkeit, zwischen Wollen und Können, zwischen Bemühen und Begrenztheit.
Ich verstehe also einen Menschen um so mehr, je mehr ich mich auf seine Wirklichkeit einlasse, ohne jedoch den Kontakt zu meiner eigenen Wirklichkeit, zu mir selbst, zu verlieren. Menschliches Verstehen ereignet sich zwischen den Polen von Nähe und Distanz, von Freiheit und Bindung, von Sicheinlassen und Vertrautheit. Aus dem *Verstehen als Handlung* erwächst das *Verständnis als Grundhaltung*.

Verstehen heißt,
sich immer mehr der Wirklichkeit
des Gegenübers zu nähern und sie anzunehmen.

KV 17: Ebenen des Verstehens

Das gegenseitige Verstehen findet auf drei Ebenen statt:

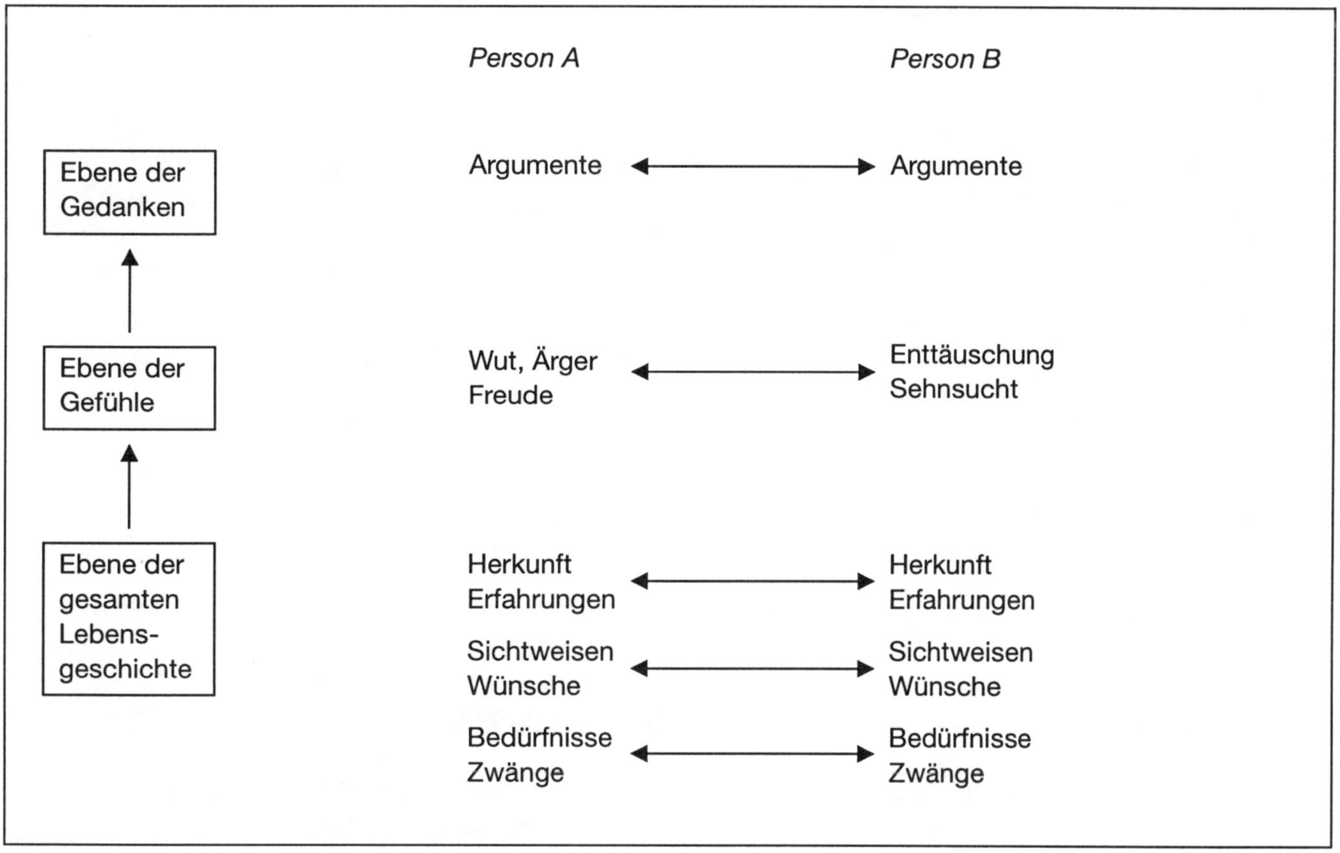

In Konfliktsituationen bewegen wir uns häufig auf der Ebene der Gedanken, obwohl die Probleme im Gefühlsbereich liegen, die wiederum aus unserer gesamten Lebensgeschichte »gespeist« werden. Das eigentliche Verstehen erwächst aus der Betrachtung und Akzeptanz der (unterschiedlichen) Lebensgeschichten.

Beispiele

Nichtverstehen	*Verstehen*

1. Die Äußerung: »Ich sehe das Projekt als gescheitert an.«

A: »Das ist doch nicht Ihr Ernst?«	B: »Was hat Sie denn zu dieser Ansicht gebracht?«

2. Die Äußerung: »Ich weiß nicht, ob das gutgehen wird.«

A: »Nun sind Sie doch nicht gleich so pessimistisch.«	B: »Das klingt für mich recht mutlos, so wie Sie dies sagen!?«

3. Die Äußerung: »Ich könnte vor Freude jauchzen.«

A: »Immer du mit deinen Gefühlsausbrüchen.«	B: »Tu's, wenn du magst!«

4. Die Äußerung: »Scheißschule ...!«

A: »Red nicht so über die Schule daher!«	B: »Wohl Ärger gehabt, was?«

5. Die Äußerung: »Ich schaff das ja doch nie!«

A: »Du strengst dich ja auch viel zuwenig an.«	B: »Wo klemmt's denn? Brauchst du Hilfe?«

Verstehen ist noch nicht die *Lösung* des Problems, aber ein bedeutsamer Schritt dorthin. Wichtig ist dabei (wieder einmal) herauszuhören, was die eigentliche Botschaft des Senders ist. Denn vordergründig stehen Aussagen im Raum, die des öfteren die eigentlichen Wirklichkeiten zudecken; z.B. etwas verbergen, schweigen, um den Brei herumreden ...
Beachten Sie beispielsweise die Gefühle, die hinter den o.g. fünf Äußerungen stehen:

1.: Mutlosigkeit bis Hoffnungslosigkeit

2.: ______________________________

3.: ______________________________

4.: ______________________________

5.: ______________________________

Übung

»Versteh mich bitte!«

Personen:	Meine Antwort:
Schüler: »Jetzt blick' ich überhaupt nicht mehr durch ... Ob ich das je schaffen werde?«	______
Kollegin: »Mein Gott, hör mir doch endlich einmal zu!«	______
Schulleiter: »Ich könnte aus der Haut fahren.«	______
Schulrätin: »Sie wissen ja gar nicht, was sich hier im Amt alles abspielt.«	______
Vater: »Mein Sohn muß unbedingt das Abitur schaffen.«	______
Schülerin: »Ach, lassen Sie mich doch in Ruhe!«	______
Schulleiterin: »Sie müßten mal an meiner Stelle sein, dann wüßten Sie, was Verantwortung heißt.«	______
Mutter: »Mir gehorcht er ja schon lange nicht mehr; was soll ich denn noch alles machen?«	______
Fachbereichsleiterin: »Was glauben Sie denn, wie ich mich hier als Frau behaupten muß.«	______

Übrigens: Es bedarf nicht immer großer Worte, um Verständnis auszudrücken. Kleine, *stumme* Gesten sagen manchmal mehr aus. (Aber die krieg' ich nicht aufs Papier. Ich bitte um eigene Anregungen und Phantasien.)

Aufgaben

1. Rollenspiel: Bitte führen Sie mit jemandem, der einen »Schüler« spielt, ein Gespräch, in dem Sie Verständnis zeigen für seine Lage, die er folgendermaßen ausdrückt: »Am liebsten würde ich nicht mehr in die Schule gehen.«

2. Mir ist es möglich, ein besonderes Verständnis für einen Menschen zu zeigen, wenn er ...

   ____

3. Ich fühle mich von einem Menschen verstanden, wenn er ...

   ____

4. Erinnern Sie sich bitte an eine oder mehrere Personen in bestimmten Situationen, in denen Sie an die *Grenzen Ihres Verstehens* kamen. Was waren die ausschlaggebenden Gründe dafür?

   Notizen: ______________________________________

5. Zeigen Sie bitte – in verschiedenen Rollenspielen mit einem Partner/einer Partnerin – Verständnis gegenüber

   a) einem Vater, der von seinem Sohn unbedingt das Abitur verlangt (und der es offensichtlich nicht erreichen wird);
   b) einer Kollegin, die soeben erfahren hat, daß sie zu Schuljahresende versetzt wird;
   c) einem Schulrat, der keine andere Wahl hatte, als die o.g. Kollegin zu versetzen.

6. Zeigen Sie bitte – in verschiedenen Rollenspielen mit einem Partner/einer Partnerin – die Grenzen Ihres Verständnisses gegenüber

   a) einer Schülerin, die vorsätzlich einer Mitschülerin Geld gestohlen hat;
   b) einem Kollegen, der einige SchülerInnen häufig verbal beleidigt;
   c) einem Schulleiter, der Sie Ihrer Meinung nach ungerecht beurteilt hat.

Übrigens: Verstehen heißt nicht, die verwerflichen Taten und »krummen Handlungen« zu bejahen, sondern die dahinterstehenden *Beweggründe* der handelnden Personen aus ihrer *Lebensgeschichte* heraus zu akzeptieren.

KV 18: Verständigung

Auf dem Verständigungsweg vom Gedanken des Senders bis zum Verstehen des Empfängers gibt es verschiedene Verlustebenen:

Sender:	gedacht/ gespürt:	Gedanken Empfindungen Gefühle
	gesagt:	*1. Verlustebene:* Das Gesagte verliert an Substanz, weil nicht alles in Worte zu fassen ist.
Empfänger:	gehört:	*2. Verlustebene:* Das Gehörte verliert an Substanz, weil wir hören, was wir hören *wollen* bzw. *gewohnt* sind zu hören.
	verstanden:	*3. Verlustebene:* Das Wahrgenommene verliert an Substanz, weil wir es mit *eigenen* Gedanken, Empfindungen, Erfahrungen ... (ver-)mischen.

Das vom Sender Gedachte/Gespürte und Ausgesagte ist etwas anderes als das letztlich vom Empfänger Gehörte/Wahrgenommene und Verstandene.
Deshalb: Rückfrage/Vergewisserung und »Pendeln im Dialog!

Was ich gesagt habe,
weiß ich erst,
wenn ich die Antwort kenne.

N. Wiener

Exkurs: Aktives Zuhören

Wenn es um das Verstehen geht, dann taucht (fast) in jedem Buch über Kommunikation der Begriff des *aktiven Zuhörens* auf. Ich habe ihn bisher expressis verbis noch nicht erwähnt, aber bisher implizit immer wieder thematisiert:
Th. Gordon, ein Schüler von C. Rogers, hat das »aktive Zuhören« zum ersten Mal im Zusammenhang mit einem *partnerzentrierten* Gespräch (aus der klientenzentrierte Gesprächspsychotherapie) eingeführt. Man versteht darunter eine *Haltung*, eine *Einstellung* dem Gesprächspartner gegenüber mit (u.a.) den Merkmalen Echtheit/Ehrlichkeit, Interesse/Anteilnahme, Wertschätzung, Akzeptanz. Diese werden durch verschiedene *Aktiv*itäten so zum Ausdruck gebracht, daß sie der zu Beratende (= Klient) mit seinen Sinnen wahrnehmen kann (sie also *spürt*) und somit Verständnis *erlebt* und sich verstanden *fühlt.* Dies sind wichtige Voraussetzungen für erfolgreiche Beratung (bzw. Therapie).
Aktives Zuhören bringen z.B. folgende Handlungsweisen/Tätigkeiten zum Ausdruck:

a) nonverbal:

- mit dem Körper, dem Gesicht zugewendet sein
- Blickkontakt aufnehmen und halten (ohne zu fixieren)
- stimmige Gesten ausführen, mit dem Kopf nicken

b) verbal:

- kurze verbale Impulse geben (»ja, o.k. ...«)
- Äußerungen mit eigenen Worten wiederholen (paraphrasieren)
- Gefühle benennen und unterschwellige Botschaften verbalisieren
- fragen, nachfragen (aber nicht nachbohren), klären
- Äußerungen mit eigenen »Bildern« veranschaulichen
- Assoziationen mitteilen (»Mir fällt dazu ein ...«)
- Rückmeldung geben (»Sie wirken auf mich ...«)

Die Gefahr beim aktiven Zuhören besteht bisweilen darin, daß die Beratenden es als Technik verstehen und anwenden, losgelöst von ihren eigenen Grundhaltungen und Gefühlen (weil »man« als Berater das aktive Zuhören halt beherrschen muß). Dadurch entsteht genau das Gegenteil der eigentlichen Intention des aktiven Zuhörens, nämlich Unechtheit und Wirkungslosigkeit. Dies ist der Grund, warum ich den Begriff nicht mehr erwähne, dafür aber um so mehr auf Haltungen/Einstellungen und entsprechend stimmige Handlungsweisen/Tätigkeiten achte.
(Es gehört übrigens auch zur Echtheit einer Person zu sagen, wann sie *nicht* in der Lage ist, aktiv zuzuhören; dies ist besser, als aus falsch verstandener Professionalität heraus aktives Zuhören vorzutäuschen.)

Aufgaben

zum aktiven Zuhören:

1. Bitten Sie jemanden um aktives Zuhören, und besprechen Sie anschließend, wie

   a) es Ihnen selbst dabei erging,
   b) Sie Ihr Gegenüber empfunden haben.

   Notizen: ______________________________

2. Lassen Sie sich bitte beim aktiven Zuhören beobachten. Welche Verhaltensweisen/Tätigkeiten des aktiven Zuhörens (siehe umseitig) wurden bei Ihnen beobachtet?

   Notizen: ______________________________

3. Welche nonverbalen und verbalen Verhaltensweisen/Tätigkeiten beobachten Sie, wenn eine Person folgende Grundhaltungen zum Ausdruck bringen will:

   a) Echtheit/Ehrlichkeit: ______________________________

   b) Wertschätzung/Akzeptanz: ______________________________

   c) Interesse/Anteilnahme: ______________________________

   (Spüren kann man nur mit den Sinnen – und mit den Sinnen nehmen wir wahr!)

4. Rollenspiel: Betonen Sie bitte in einem Gespräch als BeraterIn das Paraphrasieren (= die Äußerungen des Gegenübers mit eigenen Worten wiederholen), und reflektieren Sie anschließend gemeinsam das Gespräch:

   a) Wie wurde das Paraphrasieren empfunden?
   b) Wie wirksam war es?
   c) Wo wirkte es echt, wo unecht?

Dazu folgende Episode: Ein Teilnehmer in einem Seminar für Beratungslehrer »übte« in einem Rollenspiel das Paraphrasieren. Nach einiger Zeit unterbrach ihn die »Klientin« und fragte: »Sag mal, warum äffst du mich eigentlich immer nach?« (Sie sehen, liebe Leserin, lieber Leser, wie schwer es manchmal ist, eine Balance zu finden zwischen echtem Ausdruck des Verstehens und bloßer gelernter Technik!)

Aktives Zuhören:
Auf die Einstellung kommt es an,
nicht auf die Technik!

13 Kritik und Widerstand

Informationen

Kritik und Widerstand von Menschen werden in verbalen Äußerungen und entsprechenden Handlungen deutlich, z.B.:

- Die Schüler kritisieren den Unterricht des Lehrers, widersetzen sich seinen Anordnungen und handeln *eigenmächtig.*
- Kolleginnen und Kollegen kritisieren den Führungsstil des Schulleiters, widersetzen sich seinen Hinweisen und verwirklichen *eigene Ideen.*
- Die Schulleiterin kritisiert die aus ihrer Sicht überzogenen Erwartungen der Eltern, widersetzt sich deren Forderungen und erklärt sich *solidarisch* mit dem Kollegium.

Den Handlungen gehen (meist spannungsreiche und konfliktbeladene) Gespräche voraus. Im »Widerstand« sind immer »die anderen«, d.h. diejenigen, die nicht in die Richtung blicken und gehen, die vorgegeben oder vorgeschrieben ist.
Im Umgang mit Kritik und Widerstand sind deshalb vier Schritte von großer Bedeutung:

1. *Überprüfung* der Einstellung anderen Menschen gegenüber und die *Bejahung* der Tatsache, daß Menschen Eigenbewegungen haben und daß jede Bewegung eine unter mehreren möglichen ist.
2. *Klärung* der eigenen Rolle (z.B. als LehrerIn, SchulleiterIn, KollegIn, ModeratorIn ...) und der entsprechenden Aufgaben; *Austarierung* und *Auslotung* des vorhandenen »Spiel-Raumes«, d.h. der Möglichkeiten und Grenzen von Eigenbewegungen.
3. *Übersetzung* der »Widerstandsbotschaft«, um hinter Kritik und Widerstand die eigentliche Botschaft zu erfahren, nämlich die eigenen Meinungen, An-Sichten, Beweggründe und Handlungsabsichten.
4. *»Auflösung«* von Kritik und Widerstand durch die Toleranz bzw. Akzeptanz der entgegengesetzten Wirklichkeit der/des anderen (die nicht identisch sein muß mit seinem *Handeln).* »Austarieren« des Handlungsspielsraumes (innerhalb des gesetzlichen Rahmens) und Beendigung des »kommunikativen Tauziehens«!

> *»Widerständler« ist immer derjenige,*
> *der nicht will, was ich will.*

KV 19: Umgang mit Widerstand

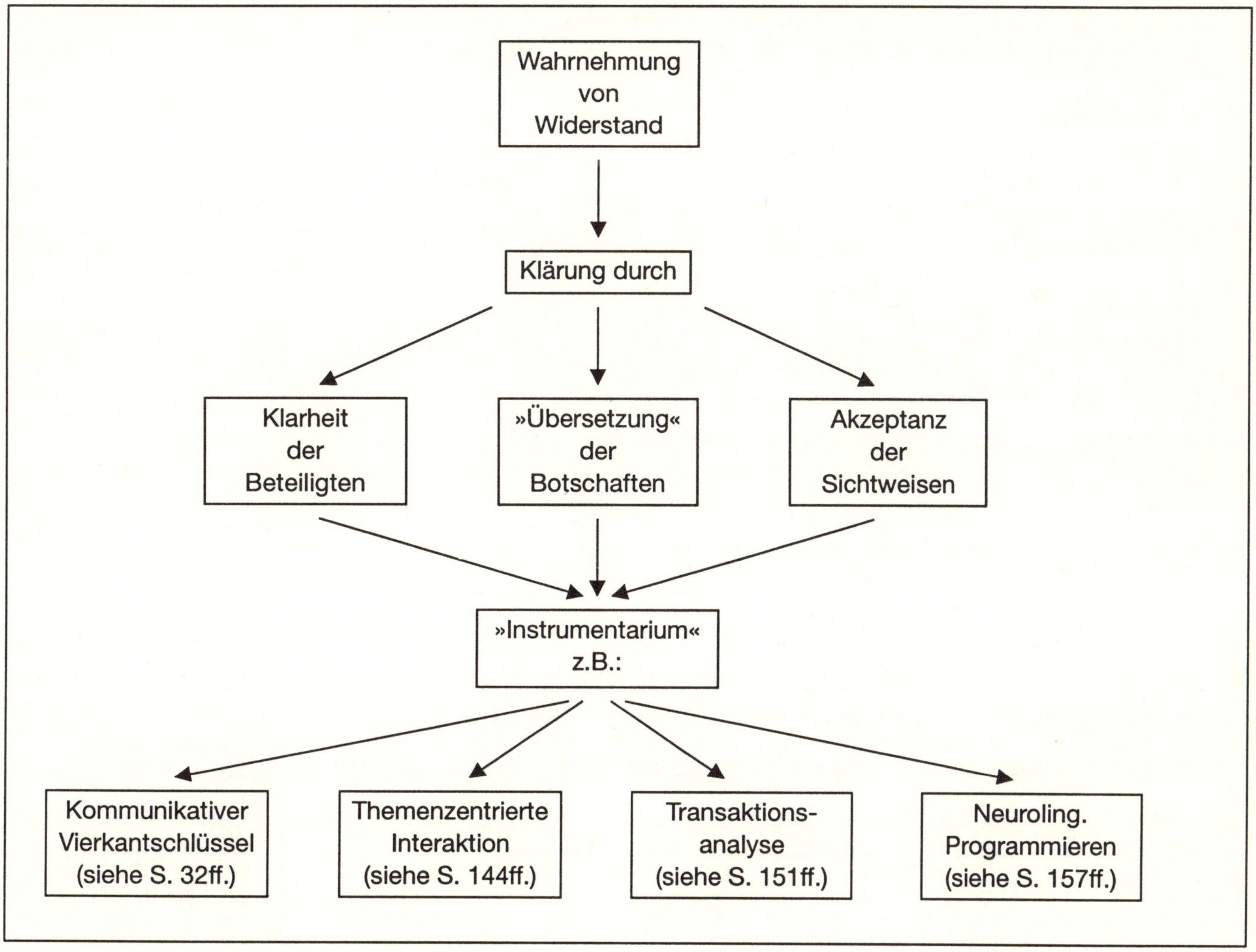

Der Weg (= Umgang mit Widerstand) besteht darin, von der Wahrnehmung über die »Klarheit, Übersetzung und Analyse« mit Hilfe bestimmter »Instrumentarien« zur Klärung der Kritikpunkte, zur Lösung der Probleme und Auflösung der Widerstände zu gelangen. (Ein Patentrezept gibt es allerdings nicht, aber notwendige – wenn auch keineswegs hinreichende – Bedingungen für erfolgreiche Gesprächs- und Entwicklungsprozesse.)

Reflexion

1. Vergegenwärtigen Sie sich bitte eine Situation/einen Fall, in der Ihnen gegenüber Kritik geäußert und/oder verbal Widerstand geleistet wurde, und beschreiben Sie

   a) die Situation, die Umstände
   b) Ihre Absichten, Ziele und Vorgehensweisen
   c) die Verhaltensweisen der »Kritikaster« und »Widerständler«
   d) deren Vorgehensweisen und
   e) Ihre Empfindungen und Gefühle.

   Notizen: ______________________________

   ____

2. Wie sah der Gesprächsprozeß aus, und welche Lösungen ergaben sich?

   ____

3. Wie erging es Ihnen selbst? ______________________________

4. Versetzen Sie sich bitte in die Lage der »Widerständler«: Wie würden diese Ihre Verhaltensweisen beschreiben und bewerten? (Was sind Sie also in deren Augen?)

5. Wie weit ging in diesem Falle Ihr Verständnis, und wo stießen Sie an Ihre Grenzen?

6. Wie ist Ihre Meinung zum Thema »Kritik und Widerstand?

   ____

   ____

7. Was verstehen Sie unter Kritik bzw. unter »Kritik üben«?

   Notizen: ______________________________

   ____

8. Was ist Ihr Gewinn/Verlust bei

	Gewinn:	*Verlust:*
a) Kritik äußern:	______	______
b) Widerstand leisten:	______	______
c) Vereinbarung treffen:	______	______
d) Rückzug antreten:	______	______

Aufgaben

1. Suchen Sie sich bitte ein Gesprächsgegenüber und vereinbaren Sie mit ihm ein Thema, wobei A ein bestimmmtes Ziel verfolgt und B sich verbal widersetzt. Anschließend Wechsel der Positionen.

   a) Wie war Ihre Gefühlslage als A bzw. als B?
   b) Wie erlebten Sie beide die »Kombination« von Vorhaben, Widerstand und Durchsetzung?
   c) Wie endete das »kommunikative Tauziehen«?

   Notizen: ______________________________

   ____

2. Wie geht es Ihnen, wenn Sie

   a) jemanden kritisiert haben? ______________________________

   b) von jemandem kritisiert worden sind? ______________________________

3. Versuchen Sie bitte, hinter den Widerstand von Personen zu sehen, indem Sie deren *eigentliche* und *eigene Botschaften* heraushören:

Widerstandsbotschaft:	*eigentliche Nachricht:*
a) Schulamtsleiter: »Während meiner Amtszeit wird es keine Schulautonomie geben.«	______________________________ ______________________________
b) Schulrat: »Ich bin absolut dagegen, daß man Beratung und Aufsicht trennt.«	______________________________ ______________________________
c) Einige KollegInnen: »Wir machen am Pädagogischen Tag nicht mit. Der bringt wirklich nichts.«	______________________________ ______________________________

4. Aus meiner Sicht bedeutet Widerstand: ______________________________

   ____

5. Ich erinnere mich noch gut: Als (kleines) Kind habe ich Widerstand geleistet, was zur Folge hatte:

   ____

Übungen

1. Leisten Sie bitte verbalen Widerstand (=»Nein-Sage-Übung«) auf folgende Aufforderungen hin:

Aufforderung:	*Antwort:*
a) »Sie müssen bei uns in der Gruppe unbedingt mitarbeiten. Sie sind unentbehrlich!«	______________________ ______________________
b) »Ich bitte Sie dringend, die Leitung der Schule zu übernehmen. Nur Sie können hier Veränderungen bewirken!«	______________________ ______________________
c) »Sie müssen unbedingt die Mentorenaufgabe übernehmen. Sie können mich doch nicht im Stich lassen!«	______________________ ______________________
d) »Sie müssen meiner Tochter unbedingt die Übergangsempfehlung zum Gymnasium geben, sonst ...«	______________________ ______________________

2. Nehmen Sie bitte jetzt Ihre eigenen »Widerstandsantworten« der rechten Spalte und antworten Sie auf diese (= Umgang mit Widerstand).

   a: ____

   b: ____

   c: ____

   d: ____

3. Übung zu zweit: A schlüpft in verschiedene Rollen und kritisiert B (ebenfalls in verschiedenen Rollen):

   a) Schulrat zu Lehrerin: Mängel bei der Unterrichtsvorbereitung
   b) Rektorin zu Lehrer: Mängel bei der Führung des Klassenbuches
   c) Lehrerin zu Schüler: Mängel bei der Heftgestaltung
   d) Eltern zu Lehrer: Mängel bei verschiedenen Korrekturen

Wie ging es Ihnen als Kritiker und als Kritisierte?

Erfahrungen zum Thema Kritik

Bei vielen Menschen ist »Kritik üben« ausgesprochen negativ besetzt, weil dies mit der Erfahrung von Vorwurf, Tadel, Anklage, Schuldzuweisung, Verletztwerden und Mißachtung der Person verbunden ist.

Ich habe noch kaum erlebt, daß kritisierte Personen auf Vorwurf oder Tadel verständnisvoll, vernünftig oder gar einsichtig reagiert haben (es sei denn, sie konnten im Sinne des vierseitigen Kommunikationsmodells die Kritikbotschaften »übersetzen«). In der Regel waren Konter (z.B. »patzige« Antworten) oder Rückzug (z.B. Beleidigtsein) die Folge, verbunden mit Gefühlen von Wut, Haß oder Niedergeschlagenheit.
Wer Kritik äußert, um beispeilsweise den anderen »fertigzumachen«, ihm »eine reinzuwürgen« oder sich zu rächen, der sollte sich dessen bewußt sein und die Verantwortung für sein Tun übernehmen. Mit konstruktiver oder gar förderlicher »Kritik« im Sinne einer fairen Rückmeldung hat dies nichts zu tun.
Wer »Kritik üben« will, soll sich seiner *Motive* bewußt sein und sich fragen, was er klären will, nämlich die Sache und/oder die Beziehung.
Kritik wird nicht an *Personen* »geübt«, sondern an deren *Tun* und *Handeln* und als Ausdruck der eigenen Sichtweisen.
Beispiel: In einer Arbeitsgruppe dominiert ein Kollege, setzt sich über die Meinungen einiger rigide hinweg und blockiert den Prozeß. Die angespannte Situation ist spürbar. Ein Teilnehmer äußert sich: »Ich möchte jetzt mal etwas sagen. Ich bin richtig sauer, weil ich nicht zu Wort komme (Selbstmitteilung). Momentan habe ich zu dir, Peter, überhaupt keinen Draht (Beziehung), weil du seit einer halben Stunde nur von dir redest (Sache). Bitte, höre jetzt auch uns zu; wir anderen möchten unsere Meinung äußern (Appell).«
In diesem Sinne heißt Kritik äußern, deutlich und klar mitzuteilen

a) die eigene Befindlichkeit (Gedanken, Gefühle) ...
b) die Art der Beziehung zum Gegenüber
c) die Sache, das Thema, das nichtakzeptierte Tun
d) den Appell, den Wunsch, die Aufforderung zur Unterlassung.

Daß die vorwurfsfreien Mitteilungen des Senders vom Empfänger immer noch als Vorwürfe *gehört* und verstanden (also übersetzt) werden können, liegt in der Natur der zwischenmenschlichen Kommmunikation. Deshalb ist auch hier wieder das »kommunikative Hin und Her« von großer Bedeutung, damit aus anfänglicher Kritik hilfreiche Lösungswege entstehen.

14 Rückmeldung und Metakommunikation

Informationen

»Was ich gesagt habe, weiß ich erst, wenn ich die Antwort darauf kenne.« In diesem Satz von N. Wiener wird deutlich, daß die Rückmeldung (auch Feedback genannt) ein wesentlicher Bestandteil zwischenmenschlicher Kommunikation ist: »Sag mir, wie meine Botschaft bei dir ankommt, damit ich weiß, wie ich in der Kommunikation fortfahren kann.« Wir reagieren auf die gleichen Reize mit verschiedenen Antworten, wir hören heraus, was wir heraushören wollen, wir sind »besetzt« von bestimmten Erfahrungen und Gewohnheiten. Deshalb ist es wichtig, daß der Sender durch die Rückmeldung des Empfängers erfährt, wie seine Botschaft »übersetzt« worden ist. Dabei kommt es sowohl auf den *Inhalt* als auch auf eine annehmbare Art und Weise der *Vermittlung* an.
Rückmeldungen informieren darüber, wie Botschaften angekommen sind, wobei u.a. Unterschiede in der Selbst- und Fremdwahrnehmung zutage treten können: Ich habe zum Beispiel den Eindruck, mich relativ zurückhaltend gegeben zu haben, erfahre aber von anderen, daß ich auf sie dominant gewirkt habe.
Dabei spielen nonverbale Botschaften eine große Rolle, z.B.: Gähnen, auf die Uhr blicken, ein freundlicher Blick, Fixieren von Kopf bis Fuß, heftiges Nicken oder brüskes Abwenden sind sehr deutliche Formen der Rückmeldung. Durch sie finden also Klärungen der Beziehungen von Menschen statt. Die Mitteilungen werden verständlicher, und Irritationen verringern sich oder verschwinden
Schließlich ist Feedback auch Ausdruck der Offenheit und des gegenseitigen Vertrauens, des achtsamen Umgangs mit sich und anderen, der Wahrnehmung eigener und fremder Bedürfnisse: Ich teile den anderen mit, wie es mir geht, wie ich über mich denke, wie ich zu mir selbst stehe ... Ich teile den anderen mit, wie sie auf mich wirken, wie ich zu ihnen stehe und was ich über sie denke ... und ich bin offen für die Botschaften der anderen . Das »dialogische Prinzip« ist hier besonders spürbar.

Ein faires Feedback ist der Ausdruck von Interesse und Wertschätzung dem Du gegenüber.

KV 20: Feedback-Regeln

Folgende Regeln haben sich als sehr förderlich für ein Feedback (FB) erwiesen; es soll/kann gegeben werden als

1. *Selbstmitteilung:* »Ich fühle mich wohl bei dir.« – »Ihre Bemerkung gestern hat mich gekränkt.«
2. *Wirkung/Eindruck:* »Sie wirken auf mich sehr niedergeschlagen.« – »Ich habe den Eindruck, daß Sie etwas ganz anderes wollen als die anderen hier in der Gruppe.«
3. *Beschreibung:* »Du hast schon seit längerer Zeit nichts mehr gesagt.« – »Sie haben jetzt sehr lange geredet. Ich kann nicht mehr zuhören.«
4. *Bewertung von Verhaltensweisen:* »Ich finde es ungerecht, wie Sie die Kinder behandeln.« – »Sie sind sehr feinfühlig auf mich eingegangen.«
5. *Äußerung im Hier und Jetzt:* »Ich kann dir jetzt nicht mehr zuhören.« – »Momentan ist mir nicht nach Lachen zumute.«
6. *Konkretion* (und nicht als Verallgemeinerung): »Ich bin von Ihnen schon einige Male unterbrochen worden.« – »Manchmal kommst du mir vor, als lebtest du auf einem anderen Stern.«
7. *Ausdruck von Wünschen:* »Ich erlebe dich mir gegenüber häufig als abweisend. Ich hätte gerne mehr Kontakt zu dir.« – »Es tut mir gut, daß du dich um mich kümmerst. Bitte hilf mir auch weiterhin.«
8. *Ausdruck der Wertschätzung* (und nicht der »Kampfansage«): »Ich arbeite gerne mit Ihnen zusammen.« – »Ich fühle mich von Ihnen manchmal übergangen und habe den Wunsch, gleichberechtigter Partner zu sein.«

FB kann sowohl eine angenehme als auch eine unangenehme Botschaft sein: »Die Hospitation bei Ihnen hat mir sehr viel gebracht. Danke.« – »Ich mag nicht, wenn Sie mich wie ein Kind behandeln.« – »Ihre Mitarbeit hat mir sehr geholfen.« – »Ihre kritischen Beiträge muß ich erst noch verdauen.«
Die Wirkungen des Feedbacks – einfühlend und wertschätzend praktiziert – sind in der Regel eine Förderung der Entwicklung der einzelnen Personen, eine Vertiefung der Beziehungen untereinander und eine Optimierung der gemeinsamen Arbeit.

Feedback-Methoden:

a) mediale: Video- und Tonbandaufzeichnungen, Beobachtungsprotokolle und Fragebogen
b) direkte: Blitzlicht (verbale »Momentaufnahmen«), Fragerunde, Meinungsbild (auch mit Hilfe grafischer Mittel), Stimmungsbarometer.

Aufgaben

1. Welche Feedback-Aussagen entsprechen den Regeln und sind aus Ihrer Sicht konstruktiv? — Bitte ankreuzen

A: »Ich konnte Ihren Ausführungen nur sehr schwer folgen, weil die gesamte Problematik für mich Neuland ist.« ☐

B: »Sie hätten sich besser vorbereiten sollen. Haben Sie denn nicht die Schwachpunkte bemerkt?« ☐

C: »Während Ihres Vortrags haben Sie auf mich einen sehr ruhigen und konzentrierten Eindruck gemacht.« ☐

D: »Ich habe mich bei euch sehr wohlgefühlt und freue mich schon auf die nächste Runde.« ☐

E: »Dauernd nörgelst du an mir herum. Glaubst du denn, daß du damit weiterkommst?« ☐

F: »Als du mir sagtest, wie ich auf dich wirkte, war ich zunächst richtig geschockt.« ☐

G: »Deine ironischen Bemerkungen kannst du aber auch bleibenlassen; du kaschierst ja dadurch sowieso nur deine eigene Unsicherheit.« ☐

H: »Glaubst du wirklich, daß dich bei deinen Ausführungen alle verstanden haben?« ☐

I: »Am liebsten würde ich jetzt mit euch noch eine Wanderung machen. Schade, daß es schon zu spät dafür ist.« ☐

K: »Du führst dich hier auf wie der King – und bist doch nur ein dummer, kleiner Junge. Das muß mal gesagt sein.« ☐

2. Partnerarbeit auf drei Ebenen:

a) Führen Sie bitte ein Zweier- oder Gruppengespräch.
b) Geben Sie sich anschließend darüber ein Feedback ...
c) Teilen Sie sich gegenseitig mit, wie Sie das Feedback empfunden haben.

KV 21: Thema Rückmeldung (LehrerInnen)

1. Sprechen Sie in der Gruppe darüber, was folgende Rückmeldungen beim Empfänger auslösen können:

   A: »Durch deine Anmerkungen zum Thema Schulentwicklung bin ich auf ganz neue Ideen gestoßen. Kannst du mir Literatur dazu empfehlen?«

   B: »Durch Ihren Führungsstil habe ich relativ wenig Gestaltungsmöglichkeiten. Ich würde gerne eigenständiger arbeiten und möchte Ihnen jetzt meine Vorstellungen sagen.«

   Bemerkung zu A: ______________________________

   Bemerkung zu B: ______________________________

2. Geben Sie bitte ein Feedback

a) nach einer langatmigen Konferenz	– dem Leiter
b) nach einer ergebnisreichen Teamsitzung	– der Leiterin
c) nach einer kontrovers geführten Diskussion	– der Gruppe
d) nach einem ergebnislosen Zweiergespräch	– dem Gegenüber
e) nach einer harten, aber fairen Auseinandersetzung	– allen Beteiligten

3. Notieren Sie bitte, was die nachfolgenden Rückmeldungen bei Ihnen selbst auslösen.

   a) Kollegin: »Schade, daß Sie uns am Schuljahresende verlassen. Sie werden mir fehlen.«

   Notiz: ______________________________

   b) Kollege: »Sie haben mir mit Ihren sarkastischen Bemerkungen meine gute Stimmung, die ich bis jetzt hatte, verdorben.«

   Notiz: ______________________________

   c) Schulleiter: »Ich wünsche mir mehr kollegiale Unterstützung. Manchmal kommt es mit vor, als müßte ich den Karren alleine aus dem Dreck ziehen.«

   Notiz: ______________________________

   d) Fachbereichsleiter (nach einem Unterrichtsbesuch): »Je länger die Stunde dauerte, desto angespannter erschienen Sie mir. Ich habe das vor allem an Ihren Bewegungen gemerkt.«

   Notiz: ______________________________

KV 22: Thema Rückmeldung (SchülerInnen, Eltern)

Rückmeldungen sind keine Lobhudeleien oder Schimpfkanonaden, sondern die Äußerung eigener Eindrücke, Erlebnisse und Sichtweisen in bezug zu anderen Menschen.

Für Schülerinnen und Schüler

Z.B.: Du bist Klassensprecher(in) und sagst zur Lehrerin/zum Lehrer: »Die meisten von uns haben den Stoff gestern in Mathe überhaupt nicht kapiert. Können Sie bitte das Ganze noch mal wiederholen?«

1. Ein Lehrer/eine Lehrerin gibt Dir manchmal ziemlich ironische Bemerkungen.

   Dein Feedback: ______________________________

2. Ein Lehrer/eine Lehrerin ging mit Euch ins Schullandheim.

   Dein Feedback: ______________________________

3. Deine Mitschüler(innen) haben Dich wegen einer komischen Äußerung von Dir ausgelacht.

   Dein Feedback: ______________________________

Für Eltern:

Z.B.: Sie sind (als Elternvertreter) mit dem Unterricht einer bestimmten Lehrerin/eines Lehrers nicht einverstanden und sagen zu ihr/ihm:»Wir Eltern sind mit Ihrer Unterrichtsweise nicht einverstanden und bitten Sie zu einem Gespräch, in dem Sie uns nähere Erläuterungen geben.«

1. Eine sehr geschätzte Lehrerin verläßt die Schule. Als Elternvertreterin geben Sie ihr Rückmeldung:

   ____

2. Die Schulleitung ist sehr um ein gutes Schulklima bemüht.

   Ihr Feedback: ______________________________

3. Ein Lehrer/eine Lehrer hat – aus Ihrer Sicht – Ihren Sohn/Ihre Tochter ungerecht behandelt.

   Ihr Feedback: ______________________________

4. Ihre Tochter/Ihr Sohn kommt zu spät nach Hause.

   Ihr Feedback: ______________________________

Übung

Geben Sie bitte Feedback (FB):

1. Nach dem Schullandheimaufenthalt überreicht Ihnen die Klassensprecherin zum Dank einen Blumenstrauß und gibt Ihnen einen Kuß auf die Wange.

   Ihr FB an die ganze Klasse:

   ____

2. Ihre Unterrrichtsstunde wurde mit »gut – befriedigend« bewertet. Sie sind in keiner Weise damit einverstanden.

   Ihr FB an den Fachbereichsleiter:

   ____

3. Sie haben im Rahmen einer regionalen Fortbildung an einer Veranstaltung teilgenommen; das Ergebnis war für Sie unbefriedigend.

   Ihr FB an die Leiterin/den Leiter:

   ____

4. Sie sind von den KlassensprecherInnen der Schule zur Vertrauenslehrerin gewählt worden.

   Ihr FB in der ersten SMV-Sitzung:

   ____

5. Der Schulleiter wirft Ihnen vor, daß Sie häufig »aus einem fadenscheinigen Grund« frühzeitig die Gesamtlehrerekonferenz verlassen.

   Ihr FB an ihn:

   ____

6. Eine Schulrätin, die früher Ihre Kollegin war, wendet sich vertrauensvoll an Sie und schildert Ihnen sehr ausführlich ihre belastenden Tätigkeiten.

   Ihr FB:

   ____

Metakommunikation

Informationen

Eine spezielle Art der Rückmeldung ist die sog. Metakommunikation. Durch sie wird die zwischenmenschliche Kommunikation selbst zum Gegenstand der Betrachtung und Reflexion: *Metakommunikation* ist also das Reden *über* die (vollzogene) Kommunikation. Sie hat beispielsweise die Störungen, Ungereimtheiten, Mißverständnisse, aber auch die geglückten Phasen, den gesamten Prozeß und die erreichten Ergebnisse zum Inhalt. Es ist wichtig, »auf der Metaebene« die Ursachen zu erhellen und die Zusammenhänge zu durchschauen, z.B. durch folgende Fragen:

- Wie erging es mir/uns in dem soeben erfolgten Gespräch?
- Warum haben wir uns so und nicht anders verhalten?
- Wie verlief der Prozeß, wo ergaben sich Störungen?
- Wie war die Interaktion zwischen den Beteiligten?
- Welche Phasen waren fruchtbar, welche nicht?
- Wo fanden Interpretationen und/oder Übertragungen statt?
- Wie wurde die (Gruppen-)Leitung gesehen?

> *Kommunikation ist Mitteilung.*
> *Metakommunikation ist die Reflexion*
> *über die Art und Weise der Mitteilung.*

Aufgabe

Führen Sie bitte ein Zweier- oder Gruppengespräch, und reflektieren Sie es anschließend miteinander auf der Metaebene unter folgenden Gesichtspunkten:

a) persönliches Befinden und Beziehungen zu dem/den anderen
b) Gesprächsstörungen/-blockaden und Gesprächsbrücken
c) Gesprächsinhalte und -verlauf
d) Ergebnisse

Notizen: ____

____

15 Nonverbale Kommunikation

Informationen

Empirische Untersuchungen haben ergeben, daß der Anteil der nonverbalen Kommunikation (NVK) innerhalb der gesamten menschlichen Kommunikation etwa 75% bis 80% beträgt. Die Gründe dafür liegen in unserer Evolutionsgeschichte:
Die vorsprachliche Kommunikation war für das Leben, Zusammenleben und Überleben von größter Bedeutung. Die Verständigungszeichen haben sich (über die Muskeltätigkeit) äußerst verfeinert und stark ausgeprägt, um beispielsweise Nähe und Distanz, Zuwendung und Ablehnung, Freundlichkeit und Bedrohung, Angriff und Flucht zu signalisieren.
Nonverbale Kommunikationsmerkmale sind:

- Augenstellung/Blickkontakt
- Mimik/Gesichtsausdruck
- Gestik
- Körperhaltung
- Stimme (nicht Sprache): Lautstärke, Stimmlage, Modulation, Tempo
- Abstand zwischen den Partnern

Während wir bei der verbalen Kommunikation (VK) auf unser Ohr angewiesen sind, konzentrieren wir uns bei der NVK auf das Sehen. Die Kombination dieser beiden Mitteilungsarten ergibt ein hohes Maß an Sende- und Empfangsmöglichkeiten. (Das Neurolinguistische Programmieren – NLP – befaßt sich beispielsweise besonders mit diesen Phänomenen und hat aus den gewonnenen Erkenntnissen u.a. Konsequenzen für das Lehren und Lernen gezogen; siehe auch Nr. 23, S. 157ff.)
Für eine gut funktionierende Mitteilung sind drei Phasen entscheidend:

I. subjektive Wahrnehmung bestimmter Signale
II. Übereinkunft über bestimmte Signale
III. subjektive Deutung bestimmter Signale

Liebe Leserin, lieber Leser, wundern Sie sich jetzt noch, daß zwischenmenschliche Kommunikation von Störungen begleitet und manchmal wirklich kompliziert ist? Zum Glück: Bisweilen funktioniert sie auch!

KV 23: Nonverbale Kommunikation

Die nonverbale Kommunikation macht etwa 75% bis 80% der gesamten zwischenmenschlichen Kommunikation aus. Sie ist in unserer Evolutionsgeschichte von großer Bedeutung für das Leben, Zusammenleben und Überleben von Tier und Mensch.

Merkmale

Augenstellung/Blickkontakt	von geschlossen bis offen
Mimik	von angespannt bis entspannt
Gesichtsausdruck	von ausdruckslos bis ausdrucksstark
Gestik	von heftig bis ruhig
Körperhaltung	von aufrecht bis zusammengesunken
Stimme	von laut bis leise von hoch bis tief von hell bis dunkel von schnell bis langsam
Abstand	von weit bis nah

Nonverbale Kommunikation
ist ein Kombinat aus den Elementen
Blickkontakt – Mimik – Gestik
Körperhaltung – Stimme – und Abstand.

Aufgaben

1. Kleingruppe: Teilen Sie bitte den Zuschauenden *nonverbal* einige Gefühle und Appelle mit, und fragen Sie dann, wie Ihre Botschaften angekommen sind:

Was mitgeteilt wird:	*Wie es ankommt:*
a) nur mit den Blicken: *Angst*	__________
b) nur mit Mimik: *Komm her!*	__________
c) nur mit Gesten: *Bleib weg!*	__________
d) nur durch die Körperhaltung: *Freude*	__________

2. Klärung:

   a) Die Mitteilung fiel schwer bei __________

   b) Die Mitteilung fiel leicht bei __________

   c) Die Mitteilung kam annähernd an bei __________

   d) Die Mitteilung kam kaum an bei __________

3. Teilen Sie jetzt bitte den Zuschauenden nonverbal mit

   a) *Gefühle:* Freude, Bedrohtsein, Niedergeschlagenheit
   b) *Appelle:* Steh auf! – Verlasse den Raum! – Hilf mir!

   und fragen Sie dann, wie Ihre Botschaften angekommen sind.
   Diesmal allerdings »dürfen« Sie *alle* nonverbalen Möglichkeiten (Blicke, Mimik, Gestik, Körperhaltung) einsetzen und ausschöpfen.

   Notizen: __________

4. Notieren Sie bitte, welche Botschaften Sie sehr gut nonverbal mitteilen können mit

   a) den Blicken: __________

   b) der Mimik: __________

   c) der Gestik: __________

   d) der Körperhaltung: __________

Reflexion der Aufgaben

1. Notieren Sie bitte Ihre Erfahrungen:

die Stärken der NVK:	*die Schwächen der NVK:*
______________________	______________________
______________________	______________________

2. Wie waren Ihre Erfahrungen bei der Mitteilung nur durch Einzelsignale und wie bei der Mitteilung durch mehrere Signale gleichzeitig?

   Notizen: ______________________

3. Wie war die Kommunikation zwischen Sender und Empfänger? Wie hoch waren die Mitteilungsverluste bzw. die Annäherungen und Übereinstimmungen?

   Notizen: ______________________

4. Auch wenn es bestimmte Erfahrungen und Konventionen über die NVK gibt (z.B. verschränkte Arme signalisieren Verschlossenheit, zusammengepreßte Lippen signalisieren Anspannung ...), so ist es doch sehr »gefährlich«, *vorschnell* die nonverbalen Signale zu deuten und die Sender auf bestimmte Verhaltensweisen *festzulegen*. Es hat sich immer wieder erwiesen, daß die Botschaften zu vielfältig sind, als daß sie mit Sicherheit eindeutig entschlüsselt werden könnten. Also Vorsicht mit der Interpretation, Zuschreibung oder Festlegung nonverbaler Botschaften.

5. Was drücken *Sie* aus, wenn Sie beispielsweise

   a) vor der Klasse die Arme verschränken: entweder: ______________________

      oder: ______________________

   b) vor vielen Zuhörern sich öfters an die Nase fassen: entweder: ______________________

      oder: ______________________

   c) während eines Vortrags aus dem Fenster sehen: entweder: ______________________

      oder: ______________________

Übungen

1. Beobachten Sie bitte Personen, und *beschreiben* Sie genau, was diese tun, und zwar

   a) mit den Blicken: ______________________________

   b) mit der Mimik: ______________________________

   c) mit der Gestik: ______________________________

   d) mit dem Körper: ______________________________

2. Notieren Sie bitte, was Ihnen beim *Beschreiben* leicht- bzw. schwergefallen ist:

   leicht: ______________________________

   schwer: ______________________________

3. Notieren Sie anschließend, wie das Gesehene auf Sie wirkt und was Sie daraus interpretieren:

   Wirkung: ______________________________

   Interpretation: ______________________________

4. Beobachten Sie bitte Ihnen bekannte und/oder vertraute Personen, und teilen Sie ihnen mit, welche nonverbalen Signale Sie wahrgenommen und was Sie daraus geschlossen haben. Anschließend vergleichen Sie bitte Ihre Rückschlüsse mit den Botschaften/Absichten der Sender.

Beobachtung:	*Rückschlüsse:*
a) A verschränkt die Arme hinter dem Kopf und streckt die Beine aus.	A hat genug getan, beendet die Arbeit und freut sich auf die Nachhausefahrt.
b) B ______________	______________
c) C ______________	______________

5. Wahrnehmungsverstärkung: Drücken Sie bitte Gefühle (Trauer, Freude ...) bewußt durch *entgegengesetzte* nonverbale Signale aus, und beobachten Sie sich dabei. Wie schwer, wie leicht fällt Ihnen diese Übung? (Fähigkeit bzw. Unfähigkeit zur Verstellung!)

Exkurs: Sprachlosigkeit

Aus welchen Gründen auch immer: Tatsache ist, daß Menschen in bestimmten Situationen sprachlos werden:

a) SchülerInnen an der Tafel vor der Klasse
b) LehrerInnen während hitziger Diskussionen bei Konferenzen
c) Eltern an Elternabenden
d) Untergebene Vorgesetzten gegenüber ...

Manchmal reduziert sich die sprachliche Mitteilung auf Wörter wie »super« oder »toll«, oder sie verschwindet ganz und geht in nonverbale Signale über wie Schulterzucken, Kopfschütteln oder Wegdrehen. Die geistige Fähigkeit zur *verbalen* Mitteilung ist blockiert (meist aus Gründen der Angst), und aktiviert werden »nur« noch die in unserem Zwischenhirn verankerten instinktiven Signale der nonverbalen Kommunikation.

Um so wichtiger ist es also, bei Menschen, die sich weniger sprachlich äußern wollen oder können, auf die gesamten Körpersignale zu achten und die Wahrnehmung dafür zu schärfen. Wir können lernen, sehr genau hinzusehen und das Gesehene entsprechend zu beschreiben (und nicht zu bewerten oder zu interpretieren). Unsere Erfahrung lehrt uns aber auch, daß es gewisse Übereinkünfte über nonverbale Signale gibt, die letztlich allerdings immer noch subjektive Spielräume offenlassen.

Menschen sind oder werden sprachlos, weil sie beispielsweise

- wenig Gelegenheit hatten zu lernen, sich sprachlich auszudrücken
- Angst haben, sich zu blamieren oder bloßgestellt zu werden
- nicht gefragt werden und weil andere für sie sprechen
- mundtot geredet worden sind
- abgewertet und in ihrer Person mißachtet wurden und werden.

Menschen kommen (wieder) zur Sprache, wenn sie die Erfahrung machen, daß sie in ihren Anliegen ernst genommen werden und daß das, was in ihnen ist und zur Sprache kommt, nicht gegen sie verwendet wird.

Reden ist Silber – und
Schweigen hat viele Gesichter.

16 Gesprächsvorbereitung

Informationen

Die Vorbereitung auf ein Gespräch besteht aus (mindestens) fünf Schritten:

1. Klärung der Bedingungen:

Gespräche brauchen z.B.

a) genügend Zeit zur Entfaltung, Durchführung und Ergebnisfindung;
b) einen Ort/einen Raum, der geschützt ist vor Außenstörungen (Lärm, Telephon, Einsehbarkeit);
c) eine Räumlichkeit, die so gestaltet ist, daß die Gesprächspersonen sich in ihr wohlfühlen (Möblierung, Sitzordnung, Helligkeit, Wandschmuck; auch die rechte Gehirnhälfte ist am Gespräch beteiligt!).

2. Klärung der eigenen Person:*

a) Wie ist meine Befindlichkeit als Leiter(in) bzw. als Teilnehmer(in)?
b) Welche körperlichen/seelischen Belastungen spüre ich?
c) Welche Entlastungen brauche ich (noch), um in eine angemessene Verfassung zu kommen?

3. Klärung der Beziehungen:

a) Wie stehe ich als Leiter(in)/Teilnehmer(in) zu den anderen Personen (Nähe, Distanz, Ablehnung, Akzeptanz)?
b) Wie sind meine Empfindungen und Gefühle ihnen gegenüber?
c) Wie könnten meine Reaktionen sein (offen, verschlossen; abwartend, skeptisch, fordernd ...)?

4. Klärung der Inhalte/Sachen:

a) Ist mir die Sachlage vertraut? Welche Ziele habe ich vor Augen?
b) In welcher Position/Rolle befinde ich mich (Leitung, Teilnehmerin/Teilnehmer)?
c) Welche Aufgabe habe ich (Information/Lehre, Moderation, Vermittlung, Beratung, Aufsicht ...)?

5. Klärung der Methoden/des Vorgehens:

a) Welche Vorgehensweise entspricht den teilnehmenden Personen?
b) Welche Methoden entsprechen den Zielen und Inhalten?
c) Welche Medien/Materialien brauche ich?

---

* Im folgenden *Selbstklärung* genannt

Aufgaben

1. Reflektieren Sie bitte Ihre bisherigen Gesprächsvorbereitungen hinsichtlich der Bedingungen und der Selbst-, Beziehungs-, Sach-/Ziel- und Methodenklärung.

   Notizen: ______________________________

2. Stellen Sie bitte für sich selbst eine Rangfolge der fünf Vorbereitungskriterien auf hinsichtlich der Gewichtung, und begründen Sie Ihre Entscheidung:

Rangfolge:		*Begründung:*
I.	____________	____________
II.	____________	____________
III.	____________	____________
IV.	____________	____________
V.	____________	____________

3. Notieren Sie bitte, was Ihnen bei der Gesprächsvorbereitung schwer- bzw. leichtfällt:

Kriterien:	*schwer:*	*leicht:*
1. Bedingungen:	____________	____________
2. Selbstklärung:	____________	____________
3. Beziehungsklärung:	____________	____________
4. Sach-/Zielklärung:	____________	____________
5. Methodenklärung:	____________	____________

4. Partnerarbeit: Bitte suchen Sie sich eine Partnerin/einen Partner. Sie/Er bestimmt und schildert eine Gesprächssituation, einen entsprechenden Gesprächsstoff und die dazugehörende(n) Person(en). Anschließend teilen Sie Ihrem Gegenüber Ihre Gesprächsvorbereitungen mit:
   Bedingungen – Selbstklärung – Beziehungsklärung – Sach-/Zielklärung – Methodenklärung. (Ich hoffe, Sie haben genügend Erfahrungen und Phantasie, um daraus eine plausible Vorbereitungphase zu gestalten.)

   Notizen: ______________________________

   ____

KV 24: Gesprächsvorbereitung (Checkliste)

1. Bedingungen:

- Vorgesehene Zeit: ______________ (Genügend Zeit eingeplant?)
- Ort: ______________ (Außenstörungen vermeiden!)
- Raum: ______________ (Angenehme Atmosphäre?)
- Sonstiges: ______________________________________

2. Klärung der eigenen Person:

- Meine Befindlichkeit: ______________________________
- Meine Belastungen: ______________________________
- Meine Entlastungsvorhaben: ______________________________

3. Klärung der Beziehungen:

- Namen der teilnehmenden Personen: ______________________
- Meine Einstellung ihnen gegenüber: ______________________
- Hintergründe/Ursachen: ______________________
- Meine möglichen Änderungen: ______________________

4. Klärung der Sachen/Ziele:

- Der Sachstand: ______________________________
- Meine Absichten/Ziele: ______________________________
- Meine Rolle/Aufgaben: ______________________________

5. Klärung der Methoden/der Vorgehensweise:

- Gesprächsbeginn: ______________________________
- Gesprächsstruktur/-verlauf: ______________________________
- Medien/Materialien: ______________________________

6. Sonstiges: ____

Beispiel

Ich zeige Ihnen, liebe Leserin, lieber Leser, anhand von drei Kriterien eine mögliche Vorbereitung. Begleiten Sie mich bitte bei meinem »inneren Monolog« (den ich für Sie nachfolgend notiert habe, wobei ich aus Platzgründen den Text auf das Wesentliche beschränke):

Die Situation: Über Dritte habe ich erfahren, daß ein Kollege über mich Meinungen verbreitet hat, die ich so nicht stehenlassen möchte. Ich habe vor, den Kollegen daraufhin anzusprechen:

1. Klärung meiner Befindlichkeit:

Ich fühle mich etwas unruhig (hervorgerufen durch die Frage, was wohl auf mich zukommen wird) und spüre die Anspannung im Magen. Ich schließe die Augen, atme einige Male tief durch und mache eine kleine Entspannungsübung ... Jetzt fühle ich mich körperlich wohler.

2. Klärung meiner Einstellung dem Kollegen gegenüber:

Ich gehe in Gedanken zurück zum Ausgangspunkt: Als ich seine Meinung durch Dritte über mich erfuhr, ärgerte ich mich. Nun ist einige Zeit verstrichen, der Ärger verflogen. Ich kenne den Kollegen schon näher; mit ihm verbindet mich ein normales Arbeitsverhältnis; ich verspüre keine Antipathie. Ich versetze mich in seine Person und habe einige Phantasien: Vielleicht hat er sich nicht genügend Gedanken über meine Situation gemacht; vielleicht hat er andere Nachrichten über mich – wiederum von Dritten – bekommen? Ich fühle mich sicher und bin bereit zum Gespräch mit ihm.

3. Klärung meiner Ziele:

Ich habe vor,

a) die Informationen, die ich über Dritte erhalten habe, dem Kollegen mitzuteilen.
b) Ich werde die Informationen korrigieren, indem ich meine Sicht darlege.
c) Ich erwarte die Stellungnahme und Sichtweise des Kollegen.
d) Ich bitte darum, in Zukunft mit mir selbst zu sprechen und Probleme, die mich betreffen, mit mir zu klären.
e) Ich bin offen für weitere Gesprächsinhalte ...

Und nun gehe ich zu meinem Kollegen ...

Ihre Bemerkungen: ____

____

Fragen

Bitte überdenken Sie das Thema »Gesprächsvorbereitung« noch einmal:

1. Welche Kriterien erscheinen Ihnen im nachhinein als notwendig?

   ____

2. Wie praktikabel ist für Sie die Checkliste (angesichts der unvorhergesehenen und nicht planbaren Gespräche, die auf Sie zukommen)?

   ____

3. Wie wichtig sind für Sie Selbstklärung und mentale Vorbereitung?

   ____

4. Welche Erfahrungen haben Sie mit Entspannungsübungen?

   ____

5. Inwieweit ist mein Beispiel mit den drei Kriterien (Befindlichkeit, Einstellung, Ziele) für Sie hilfreich/nicht hilfreich bzw. übertragbar/nicht übertragbar?

   ____

6. Wie sieht Ihre Gesprächsvorbereitung derzeit aus, und was haben Sie vor zu ändern bzw. zu ergänzen?

   ____

7. Was erwarten *Sie* an Vorbereitung von einem/einer professionellen Berater(in), den/die Sie um Beratung bitten?

   ____

Eine Gesprächsvorbereitung
ist wie ein grüner Rasen,
auf dem die Beteiligten
sich bequem niederlassen können.

17 Gesprächsbeobachtung

Informationen

Die Beobachtung von Gesprächen (als Bestandteil professioneller »Kommunikationsarbeit«) konzentriert sich auf folgende Kriterien:

a) verbal auf die

- Zielformulierungen und Gesprächsabläufe
- Problemlöseschritte und Ergebnisse
- Selbstmitteilungs- und Beziehungsaspekte (z.B. Killerphrasen/Blockaden und Türöffner)
- Sachaussagen und Appelle
- Klarheit der Sprache
- Angemessenheit der Ausdrucksmittel

b) nonverbal auf die

- Augenstellung (den Augenkontakt)
- Mimik, Gestik, Stimme
- Körperhaltung, Abstand

In Gesprächen, in die man selbst involviert ist, richtet sich der Blick auf die Beobachtung der *eigenen Person* und der *anderen Beteiligten* bei begleitender *Reflexion* auf der Metaebene (also ein sehr schwieriger »Dreifachvorgang«).
Bei der Beobachtung als Außenstehender geht es darum, das Verhalten der Gesprächsteilnehmer zu *beobachten*, zu *beschreiben,* es mit ihnen zu *reflektieren* und *einzuschätzen* und ggf. *Verbesserungsvorschläge* zu unterbreiten.
Wichtig dabei ist zu wissen, daß es sich bei allen Beobachtungen um *subjektive* Wahrnehmungen handelt; es ist müßig, darüber zu streiten, ob diese »richtig« oder »falsch« sind. Bedeutsamer ist vielmehr, die verschiedenen Sichtweisen auszutauschen und Konsequenzen zu ziehen: Aus den einzelnen Wahr*nehmungen* kann im Dialog eine gemeinsame Wahr*heit* entstehen.

Gesprächsbeobachtung:
beobachten – beschreiben
rückmelden – einschätzen –
Konsequenzen ziehen.

KV 25: Gesprächsbeobachtung

(Wie und was ich im Gespräch wahrnehme/beobachte)

- die nonverbalen Verhaltensweisen
- die verbalen Mitteilungen (z.B. die »vier Seiten«)
- die »Übersetzungen«, Vermutungen und Interpretationen
- die verschiedenen Gesprächsanteile der Beteiligten
- Äußerungen von beispielsweise:
  Durchsetzung, Überredung, Überzeugung, Kompromiß, Konsens,
  Widerstand, Angriff, Anschuldigungen, Verletzungen,
  Wohlwollen, Bestärkung, Vertrauen, Nähe und Distanz
- die Seitengespräche, die Störungen
- die Gesprächsstruktur und den Gesprächsverlauf
- die Gesprächsinhalte und die Entscheidungsprozesse
- die Vereinbarungen, Ergebnisse und Schlußfolgerungen
- die Rückmeldungen

- die Verhaltensweisen des Gesprächsleiters/der Gesprächsleiterin:
  Funktionen/Rollen
  Impulsgebung, Steuerung/Lenkung
  Wertschätzung, Geringschätzung
  Vermittlung, Fokussierung
  Ergebnissicherung, Zusammenfassung

Falls selbst am Gespräch beteiligt:
- die eigene Befindlichkeit (Körpersymptome)
- die eigenen Absichten, Ziele und Vorgehensweisen
- die Selbstmitteilungen
- die Beziehung zu den anderen
  (z.B. das »aktive« Zuhören/das Sichzurückziehen)
- die Gesprächsanteile
- die »Brücken-« und »Blockadenäußerungen«
- die Rückmeldungen anderen gegenüber

Gesprächsbeobachtung:
sich selbst – die anderen.
Gesprächsklärung:
Reflexion auf der Metaebene.

KV 26: Gesprächsstruktur – Gesprächsverlauf

Beginn	Kontaktaufnahme Begrüßung Darlegung der Gesprächsabsichten *»Ich erwarte ...«*
Problem-darstellung	Artikulation des Themas/ des Problems (Ist-Zustand) *»Das Problem lautet ...«*
Zielverein-barungen	Klärung der Absichten, Ziele Transparenz der Möglichkeiten Zielabsprachen *»Unsere Ziele sind ...«*
Problem-bearbeitung	Diskurs, Perspektivenwechsel Beziehungs- und Sachklärung (Pendeln im »quadratischen Hin und Her«) *»Unsere gemeinsame Arbeit ...«*
Ergebnis-findung	Ergebnisfindung/-formulierung Annahme/Zustimmung, Modifizierung *»Unser Ergebnis lautet ...«*
Absprachen	Schlußfolgerungen Hinweise, Weiterführung *»Und so geht's weiter ...«*
Reflexion	Rückmeldung/Klärung auf der Metaebene *»Das Gespräch war für mich ...«*
Beendigung	ggf. Terminabsprachen Verabschiedung *»Das nächste Mal ...«*

Aufgaben

1. Nennen Sie bitte Gesprächssituationen (innerhalb Ihres Berufsfeldes)

   a) in denen Sie sich als Beteiligte(r) beobachten
   b) die Sie als Außenstehende(r) beobachten

Übergewicht hat bei mir: ______________________________

2. Wie erleben/erlebten Sie sich in den Situationen a bzw. b?

   a) beteiligt: ______________________________

   b) außenstehend: ______________________________

3. Beobachten Sie bitte als Außenstehende(r) die Verhaltensweisen der Gesprächsbeteiligten. Was fiel schwer, was leicht bei der *Beobachtung*? (Achtung: Keine Vermutungen oder Phantasien notieren!)

   Mir fiel schwer: ______________________________

   Mir fiel leicht: ______________________________

4. Beobachten Sie bitte mit einigen anderen Personen zusammen ein Gespräch als Außenstehende(r) – wobei die Beobachtungen getrennt notiert werden – unter folgender Aufgabenstellung:

   a) Gesprächsbeobachtung I: Es werden vorher keine Absprachen getroffen = Ich notiere, was mir besonders auffällt.
   b) Gesprächsbeobachtung II: Es werden vorher Absprachen darüber getroffen, was beobachtet werden soll.

   Anschließend Erfahrungsaustausch:
   Wie war das Ergebnis bei Aufgabe a?

   Notizen: ______________________________

   Wie war das Ergebnis bei Aufgabe b?

   Notizen: ______________________________

5. Welche Konsequenzen ergeben sich für die subjektive Wahrnehmung bei Gesprächen, für die Beobachtung und für die »Objektivierung« der Ergebnisse (z.B. bei Unterrichtsbeoachtungen – »Wir sehen, was wir *gewohnt* sind zu sehen!«)

   Notizen: ______________________________

6. Notieren Sie bitte, bevor Sie ein Gespräch führen, für sich selbst einige (wenige) Verhaltensweisen, die Sie bei sich beobachten wollen, z.B. für das Gespräch morgen mit dem Kollegen/der Kollegin X:

   – meine Körperbewegungen
   – mein Sprechtempo
   – meine Argumentationsweise

   Notizen: ______________________________

Exkurs: Klarheit in Gesprächen

Sprachliches »Sichwinden« verhindert Klarheit in Gesprächen. Ich habe viele Gespräche beobachtet:

»Man« kann so reden:	*Oder so:*
»*Man* sollte nicht immer gleich jedes Problem, das auftaucht, durch die Brille des Psychologen sehen.«	»*Ich* sehe nicht jedes Problem aus dem Blickwinkel des Psychogen. *Für mich* ist diese Sichtweise zu einseitig.«
»Ich *würde* sagen, daß *man* dies auch noch anders sehen *könnte.*«	»*Ich* habe hier eine andere Meinung und sehe dies deshalb anders.«
»Ich *darf* Sie herzlich begrüßen ...«	»*Ich* begrüße Sie herzlich ...«
»Ich *darf* die Gelegenheit benützen, Sie ...«	»In diesem Zusammenhang benütze ich die Gelegenheit, Sie ...«
»*Wir sollten* jetzt *alle* wieder zur Sache kommen.«	»*Ich* möchte jetzt gerne wieder zur Sache kommen.«
»*Sie sollten* nicht dauernd das Wort ergreifen!«	»*Ich* möchte jetzt auch meine Meinung sagen und bitte Sie, mir zuzuhören.«
»*Vielleicht* könnten Sie mir jetzt mal *ein bißchen* zuhören.«	»*Ich* möchte weitersprechen und bitte Sie um Ihre Aufmerksamkeit.«
»*Wir sollten* vielleicht jetzt mal das Thema wechseln.«	»*Ich kann* mit diesem Thema momentan nichts anfangen und schlage einen Wechsel vor.«
»*Eigentlich* gehört es sich nicht, so zu reden.«	»*Mir* mißfällt das Gespräch. Ich fühle mich verletzt ...«

1. Wie wirken die verschiedenen Ausagen auf Sie?

   a) linke Spalte: ______________________________

   b) rechte Spalte: ______________________________

2. Bitte beobachten Sie Gespräche unter dem Aspekt »Klarheit der Aussagen« und »Sichwinden« in Gesprächen.

KV 27: Checkliste zur Gesprächsbeobachtung (SchülerInnen)

1. Beobachte bitte ein Gespräch in der Klasse:
- Wie viele nehmen teil (Mädchen, Jungen)?
- Wer leitet die Gesprächsrunde (LehrerIn, SchülerIn)?
- Notiere die einzelnen Namen und dahinter die Anzahl der jeweiligen Gesprächsbeiträge.

2. Wer von den Beteiligten ist

   a) besonders aktiv und unterstützt den Gesprächsleiter?
   b) besonders passiv und sagt nichts/kaum etwas?
   c) sehr um Ausgleich bzw. Vermittlung bemüht?
   d) besonders »aufmüpfig« und »schießt quer«?

(Anschließend Gespräch über die verschiedenen Verhaltensweisen und die Absichten der Beteiligten.)

3. Beobachte bitte einige GesprächsteilnehmerInnen und beschreibe deren *nonverbale* Verhaltensweisen (beispielsweise ihre Körperhaltung, Mimik, Gestik ...):

   Person A: ______________________________

   Person B: ______________________________

   Person C: ______________________________

Redet anschließend über die verschiedenen Verhaltensweisen.

4. Beobachte bitte einige GesprächsteilnehmerInnen und notiere, wer von ihnen

   a) sich besonders durchsetzt: ______________________________

   b) andere überredet: ______________________________

   c) viel erklärt: ______________________________

   d) vermittelt: ______________________________

5. Notiere bitte, wer von den GesprächsteilnehmerInnen

a) sehr viel *von sich* redet: ______________________________

b) sehr an der *Sache* interessiert ist: ______________________________

c) Verständnis für *die anderen* zeigt: ______________________________

6. Beobachte bitte den Gesprächsleiter/die Gesprächsleiterin. Was tut er/sie:

gibt Impulse	______________	vermittelt:	______________
greift ein:	______________	unterbricht:	______________
erklärt:	______________	bewertet:	______________
hört zu:	______________	faßt zusammen:	______________

Oder: ______________________________

18 Beratungsgespräche

Informationen I

Der Beratungsbegriff ist vielschichtig, und *die* Beratung schlechthin gibt es nicht. Vielmehr ist sie eingebettet zwischen Auskunft und Empfehlung, Vorschlag und Ratschlag, Hinweis und Zuspruch, Ermutigung und Bestätigung, aber abgegrenzt gegenüber Formen der Verhandlung, Besprechung und Weisung.
Das Wort *Rat* in Be*rat*ung kennen wir u.a. in Verbindung mit den Wörtern Vorrat oder Hausrat, womit Realien gemeint sind. Im Laufe der Zeit hat sich das Wort Rat als verbale Hilfe im Gegensatz zur Tat als materielle Hilfe herausgeschält (z.B. »mit Rat und Tat zur Seite stehen«).
Es gibt zwei deutlich voneinander abgegrenzte Richtungen der Beratung:

a) die direktive Beratung:

- der Beratende als Experte; Betonung seiner Sachkompetenz
- Respektierung der Positionen »Ratgebende – Ratsuchende«
- Häufigkeit von Empfehlungen, Hinweisen und Ratschlägen
- Wunsch nach Geführtwerden und nach Rezepten
- Tendenz zur Abhängigkeit der Ratsuchenden
- hohe Fremdbestimmung, geringe Selbstbestimmung
- Notwendigkeit z.B. bei dringender Hilfe, unmittelbarer Gefahr oder geringer Entscheidungsfähigkeit der zu Beratenden

Die Stärke liegt vor allem in der Nutzung der Expertenkompetenz.

b) die nichtdirektive Beratung:

- der Beratende als Klärungs- und Entscheidungshelfer
- Anspruch von Einfühlung und Verstehen seitens der zu Beratenden
- Betonung der Beziehungs- und Sachkompetenzen der Helfer
- Förderung der Selbstbestimmung und Selbstverantwortung
- Wunsch nach Selbstverwirklichung und Autonomie
- Tendenz zur Unabhängigkeit der zu Beratenden
- hohe Eigenbestimmung, keine Fremdbestimmung
- Hilfe zur Selbsthilfe

Die Stärke liegt in der Diagnose und der Entscheidungshilfe durch den Beratenden.

*Auch Ratschläge können
als Schläge empfunden werden.*

Aufgaben I

1. Aus Ihrer Sicht:

   a) Das direktive Beratungsgespräch hat Sinn, wenn ...
   b) Das nichtdirektive Beratungsgespräch hat Sinn, wenn ...

2. Sie wollen beraten werden. Welche Art der Beratung bevorzugen Sie

   a) beim Kauf eines neuen Autos: ______________________

   b) in der Apotheke: ______________________

   c) nach einer Unterrichtsbeobachtung: ______________________

   d) bei der Planung eines Hauses: ______________________

   e) angesichts einer schweren Krise: ______________________

3. Erinnern Sie sich bitte an Gespräche, in denen Sie als Berater(in) fungiert haben. In welcher Beraterrolle waren Sie hauptsächlich?

   a) direktiv: ______________________

   b) nichtdirektiv: ______________________

4. Was kommt Ihnen in den Sinn, wenn jemand folgende »Ratschläge« gibt bzw. Aussagen macht:

Folgende Ratschläge/Aussagen ...	*lösen bei mir aus:*
»Ich an Ihrer Stelle würde nicht so handeln.«	______________________
»Sie sollten wieder mal an einer Fortbildung teilnehmen.«	______________________
»Sagen Sie mir bitte, wie ich Ihnen helfen kann.«	______________________
»Ich empfehle Ihnen, folgendes Buch zu lesen.«	______________________
»Ich sage Ihnen, wie ich es sehe, und bitte Sie, sich zu entscheiden.«	______________________
»Sie sollten auf gar keinen Fall die Schulleiterstelle annehmen.«	______________________
»Sie wollen doch selbst, daß sich etwas ändert. Deshalb sollten Sie dringend ...«	______________________

Informationen II

In Weiterführung der Einzel- und Gruppenberatung hat sich – vor allem im Rahmen der Organisations- bzw. Schulentwicklung – die sog. System- oder Prozeßberatung etabliert:
Eine oder mehrere Personen begleiten ein (Teil-)Kollegium oder eine andere zu beratende Gruppe während des gesamten Entwicklungsprozesses. Dabei ergeben sich für diese »Klärungshelfer« oder Prozeßbegleiter folgende Aufgaben:

a) Sie nehmen Kontakt mit der zu beratenden Gruppe auf und schließen einen Kontrakt mit den beteiligten Personen.
b) Sie begleiten die Gruppe und helfen ihr bei der
   - Beschreibung des Ist-Zustandes
   - Findung und Beschreibung des Soll-Zustandes
   - Durchführung bestimmter Arbeitsschritte
   - Beschreibung und Klärung von Gruppenprozessen
   - Bilanzierung und Reflexion des gesamten Projekts
c) Sie bieten veschiedene Methoden an, die zu Problemklärung und -lösungen führen.

Aus der Gruppe/dem Kollegium tauchen immer wieder Fragen auf, bei deren Beantwortung die Prozeßbegleiter klärend helfen können:

- Wo stehen wir, wohin soll der Weg gehen? (Zielklärung)
- Wie stehen wir zueinander? (Beziehungsklärung)
- Um welche Inhalte geht es? (Sachklärung)
- Welche Konflikte tauchen auf? Was sind die Hintergründe?
- Wie sieht unser Prozeß aus?
- Welche Schritte sind zu tun?
- Welche Lösungen gibt es?

Die Prozeßbegleiter geben beispielsweise Hinweise und Impulse, zeigen Konflikte auf, ermutigen zu Mitteilungen, Aktivitäten und Entscheidungen, beschreiben Vorgänge, verdeutlichen Übertragungsphänomene, machen der Gruppe die einzelnen Entwicklungsphasen transparent oder halten die Ergebnisse fest ... Sie geben Hilfe zur Selbsthilfe.

*Wegweiser
stehen am Rande.*

Aufgaben II

Antworten Sie bitte auf folgende Ratschläge bzw. Äußerungen, wobei Sie sich den Kontext des Geschehens auf Grund Ihrer eigenen Erfahrungen selbst herstellen können:

Ratschläge/Äußerungen:	*Meine Antworten:*
Fachbereichsleiter: »Sie sollten im Unterricht Ihre Redeanteile drastisch reduzieren.«	
Kollegin: »Siehst du, hättest du meinen Rat befolgt, dann säßest du jetzt nicht in der Klemme.«	
Vorgesetzter: »Seien Sie nicht so gutgläubig; das kann nur schaden. Ich meine es doch nur gut mit Ihnen.«	
Kollege: Ich weiß nicht, ob es Ihnen hilft, wenn ich Ihnen meine Erfahrungen mitteile.«	
Schulrätin: »Wenn Sie mich brauchen, ich stehe Ihnen jederzeit mit Rat und Tat zur Seite.«	
Kollegin: »Sie sehen aber gar nicht gut aus. Sie sollten nicht soviel arbeiten.«	
Kollege: »Wenn du so weitermachst, dann liegst du bald auf der Schnauze.«	
Mitarbeiter: »Wenn Sie sich überfordert fühlen, dann sagen Sie mir, wie ich Ihnen helfen kann.«	
Vorgesetzte(r): »Ich rate Ihnen dringend: Gehen Sie mehr auf Distanz zu den anderen hier im Hause.«	

Übung I

Antworten Sie bitte auf die folgenden Äußerungen, die Personen an Sie als Berater(in) richten, wobei Sie auch hier wieder den Kontext selbst gestalten und in verschiedene Rollen schlüpfen:

Äußerungen:	*Meine Antworten:*
Lehrerin zu Schulrat: »Bitte sagen Sie mir, ob ich mich versetzen lassen soll oder nicht!«	
Mutter zu Lehrerin: »Welche Erfahrungen haben Sie denn mit unkonzentrierten Kindern?«	
Vater zu Lehrer: »Welche Lernhilfen gibt es denn für meinen Sohn in Mathematik?«	
Schülerin zu Lehrer: »Jetzt weiß ich nicht mehr weiter. Was soll ich denn tun?«	
Kollegin zu Kollegen: »Was würden Sie denn an meiner Stelle tun, wenn Eltern Sie so beleidigen wie mich ...?«	
Eltern zu Lehrer(in): »Sagen Sie uns bitte, was wir alles tun müssen, damit unser Kind aufs Gymnasium kommt!«	
Vorgesetzter: »Jetzt habe ich gedacht, Sie könnten mir hier helfen ... Aber auch Sie haben anscheinend keine Lösung.«	
Mitarbeiter: »Ohne Sie geht's hier einfach nicht weiter.«	

Übung II

Welche Botschaften hinsichtlich der *Erwartungen* an Sie als Berater(in) stecken *hinter* folgenden Äußerungen?

Äußerungen:	*Eigentliche Erwartungshaltung:*
A: »So sagen Sie doch etwas! Sie müßten es doch wissen.«	______
B: »Sie sind doch schon über 20 Jahre im Dienst, ich erst seit zwei Jahren.«	______
C: »Jetzt habe ich schon alles versucht; leider vergeblich ...«	______
D: »Wir haben Sie als Experten eingeladen. Nun zeigen Sie mal, was Sie können.«	______
E: »Sie kommen mir vor wie eine gute Fee, die der liebe Gott geschickt hat.«	______
F: »Wie gut, daß Sie in unser Kollegium gekommen sind. Es gibt hier Riesenprobleme.«	______
G: »Wir haben noch nie eine kollegiale Beratung gehabt ...«	______
H: »Ehrlich gesagt: Wir haben schon vermutet, daß Sie auch keine Lösung parat haben.«	______
I: »Wie viele Pädagogische Tage haben Sie denn schon geleitet?«	______

Hinweis: Die »Falle« für Beratende besteht darin, daß sie vordergründig und rasch eine Antwort parat haben, anstatt die Aussagen/Fragen auf ihren *eigentlichen* Gehalt/auf das *eigentliche* Anliegen hin zu überprüfen.

KV 28: Thema Beratung

Es gibt zwei deutlich voneinander abgegrenzte Beratungsrichtungen:

1. die direktive Beratung

- der Beratende als Experte/Betonung seiner Sachkompetenz
- Respektierung der Positionen »Ratgebende – Ratsuchende«
- Häufigkeit von Empfehlungen, Hinweisen, Ratschlägen
- Wunsch nach Geführtwerden und Rezepten
- Tendenz zur Abhängigkeit der Ratsuchenden
- hohe Fremdbestimmung, geringe Selbstbestimmung

Die Stärke liegt in der Nutzung der Expertenkompetenz.

2. die nichtdirektive Beratung

- der Beratende als Klärungs- und Entscheidungshelfer
- Anspruch von Einfühlung und Verstehen seitens der zu Beratenden
- Betonung der Beziehungs- und Sachkompetenz der Helfer
- Förderung der Selbstbestimmung und Selbstverantwortung
- Wunsch nach Selbstverwirklichung und Autonomie
- Tendenz zur Unabhänigkeit der zu Beratenden
- hohe Eigenbestimmung, keine Fremdbestimmung

Die Stärke liegt in der Diagnose und der Entscheidungshilfe durch die Beratenden.

Ergänzung: Prozeßberatung

In Weiterführung der Einzel-und Gruppenberatung hat sich die sog. System- oder Prozeßberatung etabliert:
Die Beratenden verstehen sich als Klärungs- und Entscheidungshelfer und begleiten eine Gruppe oder ein (Teil-)Kollegium während des gesamten Entwicklungsprozesses.
Sie nehmen Kontakt mit der zu beratenden Gruppe auf, schließen einen Kontrakt und helfen der Gruppe/dem Kollegium beispielsweise bei der Bestimmung des Ist- und Soll-Zustandes, bei der Problemfindung, bei den entsprechenden Arbeits- und Problemlöseschritten und bei der Ergebnisfindung.

Übung III

Führen Sie bitte im Rollenspiel einige Beratungsgespräche durch:

Vorgehensweise:

- Suchen Sie sich Mitspielerinnen und Mitspieler.
- Wählen Sie jeweils ein Thema der Beratung.
- Verteilen Sie die verschiedenen Rollen.
- Lassen Sie das Gespräch beobachten (mit und ohne vorherige Absprachen über bestimmte Kriterien).
- Führen Sie das Gespräch durch.
- Besprechen Sie es miteinander.

Ergänzungen:

Sie können sich im voraus auf ein direktives, auf eine nichtdirektives Beratungsgespräch einigen oder eine Prozeßberatung durchführen.
Sie können eine freie Beobachtung anbieten oder bestimmte Kriterien angeben, unter denen das Gespräch beobachtet werden soll.

Analysehilfen:

- Welche direktiven bzw. nichtdirektiven Elemente enthielt das Gespräch? (Lenkung/Selbstbestimmung)
- Wie war die Beziehung des Beratenden zu den Ratsuchenden? (Wertschätzung/Geringschätzung)
- Wie lautete die Problemstellung, wie verlief die Durchführung, und welche Problemlösungen ergaben sich?
- Wie fühlten sich die Ratsuchenden, wie die Beratenden (Fremdbestimmung oder Hilfe zur Selbsthilfe)?

Beratungsfälle:

a) Eltern suchen Entscheidungshilfen bei der Frage nach der weiterführenden Schulart ihres Kindes und bitten den Klassenlehrer um Rat.
b) Eine Lehrerin hat den Eindruck, der Schulleiter würde sie permanent benachteiligen. Nun ist sie sich nicht sicher, ob und wenn ja, wie sie ein Gespräch mit ihm führen soll. Sie sucht Rat bei einer Kollegin.
c) Ein Kollege erwägt, aus persönlichen Gründen den Schuldienst aufzugeben, und bittet den zuständigen Schulrat um Klärungshilfe.
d) Der Direktor einer Schule fühlt sich den derzeitigen Aufgaben, die Schule zu leiten, nicht mehr gewachsen und sucht Rat bei dem zuständigen Referenten im Oberschulamt.

19 Gesprächsleitung

Informationen I

Im Bereich von Schule und Schulverwaltung weist die Leitung von Gesprächen vorwiegend folgende Haupttätigkeiten auf, die von bestimmten Funktionen abhängig sind:

Haupttätigkeiten:		*in der Funktion z.B. als:*
Organisation	Zunahme an Lenkung ↓	LehrerIn, SchulleiterIn
Information		LehrerIn, ReferentIn
Moderation		ProzeßbegleiterIn
Beratung		LehrerIn, Schulrätin
Weisung		Schulaufsichtsbeamte

Aus den Haupttätigkeiten ergeben sich eine Fülle von Einzeltätigkeiten, z.B.: Gesprächsrunden eröffnen, Impulse geben, Wortmeldungen erteilen, delegieren, Meinungen aufgreifen, vermitteln, Prozesse in Gang setzen, Übertragungsphänomene und Konflikte erkennen und transparent machen, Spannungen abbauen helfen, Vorschläge koordinieren und zusammenfassen, Ergebnisse formulieren, zu Rückmeldungen ermutigen, Regeln artikulieren und auf Grenzen hinweisen, Konsequenzen aufzeigen ...

Für den Gruppenleiter sind folgende Fragen hinsichtlich seiner Interventionen von Bedeutung:

- In welcher Funktion leite ich die Gesprächsgruppe?
- Was sind meine Absichten/Ziele?
- Um welches Thema, um welche Inhalte geht es?
- Welche Hauptaufgaben habe ich?
- Wie ist meine Befindlichkeit?
- Wie sehen Gesprächsstruktur und Gesprächsverlauf aus?
- Wie stehe ich zu den TeilnehmerInnen?
- Was sind deren Erwartungen und Ansprüche an mich?
- Wie sehen die Beziehungen untereinander aus?
- Welche Methoden biete ich an, setze ich ein?
- Wieviel Lenkung bzw. Selbstbestimmung braucht die Gesprächsgruppe?
- Wie beendige ich die Arbeit?
- Welche Konsequenzen ergeben sich aus den Rückmeldungen?
- Welche Vereinbarungen müssen zum Schluß getroffen werden?

Aufgaben I

1. Wenn Sie an Ihre beruflichen Tätigkeiten denken: Welche Gesprächsleitungsfunktionen üben Sie überwiegend aus?

   Organisation
   Information
   Moderation
   Beratung
   Weisung

2. Notieren Sie bitte, welche Einzeltätigkeiten Sie vorwiegend in den aufgeführten Leitungsfunktionen ausüben:

Leitungsfunktion:	*Einzeltätigkeiten:*
Organisation	______________________
Information	______________________
Moderation	______________________
Beratung	______________________
Weisung	______________________

3. Bitte intervenieren Sie in folgenden Gesprächssituationen:

   a) Sie bieten ein Rollenspiel an und bitten um Teilnahme. Niemand meldet sich ...
   b) Zwei Personen geraten in einen heftigen verbalen Streit; alle anderen Anwesenden schweigen betroffen; der Streit eskaliert ...
   c) Sie werden von einigen TeilnehmerInnen in Ihrer Leitungsfunktion kritisiert, indem Ihnen zu starke Lenkung vorgeworfen wird.
   d) In der Klasse verlangen während einer turbulenten Gesprächsphase einige SchülerInnen von Ihnen, daß Sie jetzt endlich einschreiten sollen ...
   e) Sie moderieren in einem Kollegium, das sich mehrheitlich für eine längere Gruppenarbeit entscheidet. Einige KollegInnen verweigern die Mitarbeit und äußern ihren Unmut.
   f) Sie leiten als ModeratorIn eine Gesprächsrunde in einem Kollegium, in dem es zu Vorwürfen der Schulleiterin gegenüber kommt, die sich daraufhin ohne Kommentar ins Rektorat zurückzieht.

Informationen II

»Fallgruben« für LeiterInnen:

- sich auf (zu lange) Diskussionen und Rechtfertigungen einlassen
  statt dessen: die eigene Meinung klar zum Ausdruck bringen und die eigenen Wünsche und Bedürfnisse transparent machen

- Partei ergreifen und dadurch ein (wie auch immer geartetes) Ungleichgewicht (2 : 1-Verhältnis) herstellen
  statt dessen: die unterschiedlichen Sichtweisen der einzelnen (Parteien) verdeutlichen und ggf. erläutern/kommentieren

- für andere sprechen, ihnen zu Hilfe eilen, sie verteidigen
  statt dessen: den Standpunkt einzelner aufnehmen, wiedergeben und ggf. erläutern

- Äußerungen einzelner loben oder tadeln, bewerten, taxieren ...
  statt dessen: den Stellenwert der Äußerungen verdeutlichen, die einzelnen Beiträge aufnehmen und einordnen

- die eigene Meinung als Gruppenmeinung durchdrücken (»Wir sollten doch ...Wir haben aber ...«)
  statt dessen: die eigene Meinung mitteilen, sie als Teil im Gesamten akzeptieren; das eigene Verhalten transparent machen; sich als Teil der Gruppe und nicht als deren Dominanzfigur verstehen

- sich Parteien schaffen, sich anbiedern, sich Bestätigungen »erkaufen«, um akzeptiert und »geliebt« zu werden
  statt dessen: zu sich stehen, sich wahrnehmen, sich mitteilen, autonom sein/bleiben und auf Wirkungen und Feedback achten

- Konter und »Überkreuz-Kommunikationen« vermeiden
  statt dessen: Botschaften »übersetzen« und die »eigentlichen« Mitteilungen der Betreffenden heraushören

Gesprächsleitung:
Alles in der Hand,
aber nicht alle im Griff haben!

KV 29: Gesprächsleitung

Reflexionshilfen für die Tätigkeit als GesprächsleiterIn:

1. Ordnen Sie bitte dem Schwerpunkt nach (1 = am häufigsten, 5 = am wenigsten) Ihre Funktionen als GesprächsleiterIn:

   Organisation ☐ Beratung ☐
   Information ☐ Weisung ☐
   Moderation ☐

2. Notieren Sie bitte Ihre wichtigsten Tätigkeiten/Interventionen bei der Ausübung der o.g. Funktionen:

   Organisation: ____________________
   Information: ____________________
   Moderation: ____________________
   Beratung: ____________________
   Aufsicht: ____________________

3. Sie haben Gespräche geleitet. Notieren Sie bitte Gründe für

   a) erfolgreiche Leitung: ____________________
   ____

   b) mißglückte Leitung: ____________________
   ____

4. Beschreiben Sie bitte die Phänomene *Übertragung* und *Gegenübertragung* (siehe auch S. 84) aus der Sicht der Gesprächsleitung:

   ____
   ____

5. Notieren und reflektieren Sie bitte einige Beispiele der *Übertragung/Gegenübertragung* aus Ihrer Praxis: Was haben Sie wahrgenommen – wie haben Sie reagiert?

   ____

6. Wenn ich ein Gespräch leite, dann treffe ich folgende Vorbereitungen:

   ____
   ____

7. Während meiner Gesprächsleitung achte ich in Zukunft vermehrt auf:

   meine eigene Befindlichkeit
   die Gesprächsbeiträge
   auf Seitengespräche
   auf ____________________
   auf die gesamte Atmosphäre
   auf die Interaktionen
   auf nonverbale Signale
   auf ____________________

Aufgaben II

1. Sie haben in einer Gesprächsrunde als ModeratorIn fungiert. Bitten Sie im Anschluß daran die Gruppe um Rückmeldung über Ihre

   a) nonverbalen Verhaltensweisen
   b) verbalen Mitteilungen
   c) Interventionen bei Störungen/Konflikten
   d) angewandten Methoden

2. Sie haben in einer Gesprächsrunde als Experte fungiert. Bitten Sie im Anschluß daran die Gruppe um Rückmeldung über

   a) Ihre Sprachgewohnheiten
   b) die Klarheit/Verständlichkeit Ihrer Aussagen
   c) die Art und Weise der Beantwortung von Fragen
   d) Ihren Einsatz von Medien

3. Bitten Sie eine oder einige Personen, Sie bei der Leitung einer Gesprächsrunde zu beobachten, und zwar unter dem Aspekt der Übertragung/Gegenübertragung:
   Was haben diese wahrgenommen? Wie haben Sie reagiert?

4. Antworten Sie bitte auf die nachfolgenden Äußerungen von GesprächsteilnehmerInnen, die Sie in der Funktion als ModeratorIn bekommen (Kontext bitte selbst herstellen):

Äußerungen:	*Antworten:*
A: »Sehen Sie denn nicht, was wir hier für ein zerstrittener Haufen sind!?«	______________________
B: »Wie gut, daß Sie sehr deutlich auf die Gesprächsregeln hingewiesen haben.«	______________________
C: »Wenn's brenzlig wird, dann ziehen Sie sich auf Formalien zurück.« (Sie haben einen sachlichen Einwand gebracht.)	______________________
D: »Ich hätte mir von Ihnen mehr Durchgreifen erwartet.«	______________________
E: »Es war toll, wie souverän Sie das Gespräch geleitet haben.«	______________________
F: »Jetzt sagen Sie doch auch mal etwas!«	______________________

Übungen

Spielszene I:

Als (Beratungs-)LehrerIn führen Sie folgendes Gespräch:
Thema: Der Klassenlehrer hat einem Jungen eine Empfehlung für den Übergang zur Realschule gegeben.
Vater: verärgert, enttäuscht, will Gymnasialempfehlung
Mutter: zögerlich, etwas hilflos ...
Junge: möchte auf keinen Fall aufs Gymnasium
Klassenlehrer: verteidigt/begründet seine Empfehlung

Lassen Sie bitte das Rollenspiel beobachten:

- Wie lautete das Endergebnis?
- Wie war die »Stimmung« der Beteiligten nach dem Gespräch?
- Wie fühlten Sie sich selbst?
- Was war geglückt, was ist verbesserungsfähig?

Spielszene II:

Sie leiten ein Konfliktgespräch in der Rolle des Moderators und der Funktion eines Referenten/einer Referentin des Oberschulamts:
Beteiligte Personen:
Direktor (Gymnasium): dominant, distanziert, kaum delegierend ...
Einige Kollegen: wollen mehr Eigeninitiativen entwickeln
Der Konflikt zieht sich bereits über einen längeren Zeitraum hin.

Lassen Sie bitte das Rollenspiel beobachten:

- Wie lautete das Endergebnis?
- Wie war die »Stimmung« der Beteiligten nach dem Gespräch?
- Wie sah der Gesprächsprozeß aus?
- Welche Interventionen ergriffen Sie?
- Wie fühlten Sie sich während des Gesprächs?
- Gab es Überschneidungen in der Rolle des Moderators und der Funktion als Referent des Oberschulamts?
- Was war geglückt, was ist verbesserungsfähig?

Spielszene III:

Sie bieten einer Gruppe verschiedene Gesprächsmethoden an, um einen bestimmten Konflikt zu lösen. Alle Ihre Vorschläge werden von einzelnen boykottiert:

a) Wie geht es Ihnen in einer solchen Situation?
b) Welche »Aus-Wege« haben Sie parat?

20 Gruppendynamische Aspekte

Informationen

In Schule und Schulverwaltung finden Gespräche häufig in Gruppen statt: im Unterricht, in Konferenzen, in Dienstbesprechungen, in Kursen und Seminaren ... Grund genug, gruppendynamische Aspekte zu beachten.
Die teilnehmenden Personen kommen mit bestimmten Erwartungen und Vorstellungen, Unsicherheiten, Hoffnungen und Ängsten in die Gruppe. Es werden Kontakte geknüpft, Meinungen ausgetauscht, Gefühle ausgelöst, Beziehungen aufgenommen, Spannungen auf- und abgebaut, Distanz und Nähe artikuliert, Akzeptanz und Ablehnung geäußert, Konflikte bearbeitet oder verdrängt, Aktivität oder Passivität gezeigt ...
Die Dynamik in Gruppen ist also durch die Individualität der einzelnen Mitglieder, durch die Verschiedenheit ihrer Lebensgeschichten, durch Phänomene der Übertragung und Gegenübertragung, durch die unterschiedlichen Erwartungen und Bedürfnisse und die zum Teil sehr divergierenden Erfahrungen gegeben.
Diese Dynamik zeigt sich u.a. dadurch, daß die Beteiligten in den Gruppen

auf der einen Seite	*auf der anderen Seite*
– offen miteinander reden	– versteckt kommunizieren
– einander vertrauen	– mißtrauisch/argwöhnisch sind
– aktiv und kreativ sind	– passiv sind/sich verweigern
– sich akzeptieren	– sich ablehnen
– Initiativen entwickeln	– keine Ideen haben
– zusammenarbeiten	– auseinanderdriften
– sich auf Neues einlassen	– an Altem festhalten
– Konflikte austragen	– Konflikte verdrängen
– sich Rückmeldungen geben	– Rückmeldungen verweigern
– Grenzen erfahren	– Grenzen überschreiten

Gruppen sind also ein sehr wichtiges Lern- und Übungsfeld für menschliche Erfahrungen und Entwicklungen.

*Gruppendynamik:
ein bedeutsames Kraftfeld
menschlicher Beziehungen.*

Aufgaben I

1. Sie nehmen im Rahmen einer beruflichen Fortbildung an einem Kurs/Seminar teil und kennen noch niemanden in der Gruppe. Notieren Sie bitte

   a) Ihre Gedanken, bevor Sie den Gruppenraum betreten
   b) Ihre Körperempfindungen und Gefühle
   c) Ihre Erwartungen an die Gruppenleitung und an die anderen Gruppenmitglieder.

   Notizen: ______________________________

   ____

2. Reflektieren Sie bitte Ihre bisherigen Erfahrungen in und mit Gruppen:

a) Was war für Sie erfreulich? ______________________________

b) Was war für Sie weniger erfreulich? ______________________________

3. Wie würden Sie im allgemeinen in folgenden Situationen reagieren?

Die Situation in Gruppen:	*Meine gewohnte Reaktion:*	
a) Der Gruppenleiter bittet um die Teilnahme an einem Rollenspiel.	Ich mache mit. Ich mache nicht mit.	☐ ☐
b) Zwei TeilnehmerInnen streiten sich heftig.	Ich schalte mich ein. Ich halte mich zurück.	☐ ☐
c) Die Kleingruppe benötigt einen Gruppenleiter.	Ich sage zu. Ich lehne ab.	☐ ☐
d) Es wird äußerst vehement diskutiert.	Ich beteilige mich. Ich höre lieber zu.	☐ ☐
e) Sie werden in der Gruppe von einigen angegriffen.	Ich verteidige mich. Ich kontere.	☐ ☐

4. Ich arbeite in Gruppen am liebsten mit Menschen zusammen, die

   ____

   ____

5. Ich meide in Gruppen Menschen, die ______________________________

   ____

KV 30: Rollenverteilung in Gruppen

Idealtypisch gibt es in Gruppen folgende Rollenträger, die alle ihre »Stärken« und »Schwächen« haben:

»Stärken«:	*»Schwächen«:*
1. Trägerrollen:	
– aktiv, den Leiter unterstützend	– dominant,
– prozeß- und produktorientiert	– übers Ziel hinausschießend
– dynamisch, (heraus-)fordernd	– überfordernd
2. Ausgleichende Rollen:	
– vermittelnd, besänftigend	– prozeßblockierend
– auf Harmonie bedacht	– nivellierend
– integrierend	– konfliktscheu
3. Passive Rollen:	
– zurückhaltend	– unterfordernd
– abwartend	– bremsend, hemmend
– beobachtend	– belastend
4. Dysfunktionale Rollen:	
– kreativ-unruhig	– störend, verwirrend
– polarisierend	– entzweiend, zerstörend
– kritisch	– verletzend

Die einzelnen Rollenträger ziehen sich an, stoßen sich ab, bilden Cliquen und verbrüdern sich, gehen in Konfrontation und Widerstand, provozieren und blockieren, arbeiten aktiv, produktiv, kreativ – kurzum, es geht zu

wie im richtigen Leben.

Aufgaben II

1. Reflektieren Sie bitte Ihre Verhaltenweisen als TeilnehmerIn in Gruppen: Welcher idealtypischen Rolle ordnen Sie sich am ehesten zu?

   Notizen: ______________________________

2. Spielen Sie bitte folgende Varianten durch, indem Sie sich in die verschiedenen idealtypischen Rollen versetzen:

Rolle:	*Meine Beziehung zu den anderen:*
a) In der *Trägerrolle* zu Personen,	
– die um Ausgleich bemüht sind	______________________
– die sich passiv verhalten	______________________
– die sich dysfunktional verhalten	______________________
b) In der *ausgleichenden Rolle* zu Personen,	
– die sich aktiv verhalten	______________________
– die sich passiv verhalten	______________________
– die sich dysfunktional verhalten	______________________
c) In der *passiven Rolle* zu Personen,	
– die sich aktiv verhalten	______________________
– die um Ausgleich bemüht sind	______________________
– die sich dysfunktional verhalten	______________________
d) In der *dysfunktionalen Rolle* zu Personen,	
– die sich aktiv verhalten	______________________
– die um Ausgleich bemüht sind	______________________
– die sich passiv verhalten	______________________

3. Wie stehen Sie als *GruppenleiterIn* zu Personen, die sich Ihnen gegenüber folgendermaßen verhalten:

   a) aktiv unterstützend: ______________________

   b) ausgleichend: ______________________

   c) passiv: ______________________

   d) dysfunktional: ______________________

Bitte denken Sie daran: *Jede* Rolle hat ihre Stärken und Schwächen!

Aufgaben III

Thema Übertragung (siehe auch S. 84): Ich erinnere Sie daran: Übertragungen sind »Irrtümer in Zeit, Ort und Person«, d.h., sie meinen eigentlich einen anderen Zeitpunkt (nicht jetzt, sondern »damals, als ...«), einen anderen Ort (nicht hier, sondern »dort, wo ...«) und andere Personen (nicht dich, sondern »denjenigen, der ...«).
Deshalb sind Gruppen, als eine Ansammlung von verschiedenartigsten Menschen, ein »idealer Nährboden« für Übertragungen.

1. Denken Sie bitte an GruppenteilnehmerInnen, die Sie an Personen in Ihrer Lebensgeschichte erinnerten. Wie verhielten Sie sich ihnen gegenüber?

   Notizen: ______________________

2. Denken Sie bitte an GruppenteilnehmerInnen, die Sie an Verhaltenweisen erinnerten, die Sie an sich mögen bzw. ablehnen. Wie verhielten Sie sich ihnen gegenüber?

   Notizen: ______________________

3. Welche Erfahrungen haben Sie mit Übertragungen Ihnen gegenüber?

   a) als GruppenleiterIn ______________________

   b) als TeilnehmerIn ______________________

   (Z.B. betrachten Sie einige als »Vater«, »Mutter«, »LehrerIn«, »Rivalen« ...?)

   Notizen: ______________________

4. Wie gehen Sie mit Übertragungen um?

   a) Ich übergehe sie, weil ______________________

   b) Ich spreche sie in der Gruppe an, weil ______________________

   c) Ich spreche nur mit der betreffenden Person, weil ______________________

5. Was machen Sie, wenn Sie sich nicht sicher sind, ob es sich in Konfliktsituationen um eine Übertragung handelt oder nicht?

   Notizen: ______________________

Selbstverständlich enthält nicht jede Interaktion von Menschen Übertragungselemente. Es »lohnt« sich aber, da »genauer hinzusehen«, wo sich Beziehungsstörungen hartnäckig halten, die sich aus dem »Jetzt« nicht erklären lassen und die sich belastend auf die TeilnehmerInnen auswirken.

Übungen

Thema Übertragung:

1. In der Gruppe erleben Sie, wie Sie einem Kollegen (schon über einen längeren Zeitraum) durch Ihre freundliche Art »auf den Wecker fallen«. Bitte sprechen Sie ihn in einer Pause an, was ihn denn »eigentlich« stört. (Phantasie: Vielleicht erinnert ihn das »Freundliche« an seine Mutter, die ihn dadurch vereinnahmt hat?)

2. Ein Gesprächsleiter verhält sich Ihnen gegenüber distanzierter als zu den anderen GruppenteilnehmerInnen. Bitten Sie ihn um ein Gespräch, und fragen Sie ihn nach seiner Reserviertheit. (Phantasie: Vielleicht erinnern Sie ihn an einen Menschen, der ihm in einer Diskussion»ordentlich zusetzte«?)

3. Sie sind TeilnehmerIn in einer Supervisionsgruppe. Seit mehreren Sitzungen »beschäftigt« Sie in Gedanken ein Gruppenmitglied, das Sie als Rivale erleben.
   a) Suchen Sie bitte nach einer oder mehreren Personen in Ihrer Lebensgeschichte, die Sie an diese Person erinnern.
   b) Suchen Sie nach Verhaltensweisen bei Ihnen selbst, die Sie an die Kollegin/an den Kollegen erinnern.
   c) Sprechen Sie bitte die Kollegin/den Kollegen an, und fragen Sie nach der Beziehung zu Ihnen.

4. Denken Sie bitte an Schülerinnen und Schüler in Ihren Klassen: Gibt es dort welche, die Sie an Personen von früher erinnern – und die Sie deshalb besonders mögen bzw. ablehnen? Z.B.:
   Evelyn erinnert mich an A, die damals ...
   Steffen erinnert mich an B, der damals ...

5. Im Kollegium/im Schulamt:
   Kollege A erinnert mich an X, der ...
   Kollegin B erinert mich an Y, die ...

Und schließlich:

6. Klärung:

   a) Ich leite lieber Gruppen, weil ______________________________

   b) Ich bin lieber TeilnehmerIn, weil ______________________________

   c) Ich bin nicht gerne in Gruppen, weil ______________________________

21 Themenzentrierte Interaktion (TZI)

Informationen

Die sog. Themenzentrierte Interaktion ist ein Modell für die *Arbeit in und mit Gruppen*, das den Blick auf drei Variablen richtet: auf die einzelne Person (das Ich), auf die Beziehungen und Interaktionen untereinander (das Wir) und auf die Sache (das Thema) mit dem Anspruch, eine »dynamischen Balance« zwischen diesen drei Elementen herzustellen.
Das TZI-Modell wurde von Ruth Cohn entwickelt. Sie hat als junges Mädchen die Schrecken der Nazizeit erlebt, ist nach Amerika emigriert, hat dort u.a. als Lehrerin und später als Psychoanalytikerin gearbeitet und lebt heute in der Schweiz. Die Sichtweisen und Axiome, die hinter der Themenzentrierten Interaktion stehen, müssen aus der Lebensgeschichte von Ruth Cohn betrachtet werden. Sie basieren auf einer humanistisch-ethischen Grundhaltung:

»1. Der Mensch ist eine psycho-biologische Einheit. Er ist auch Teil des Universums. Er ist darum autonom und interdependent. Autonomie (Eigenständigkeit) wächst aus dem Bewußtsein der Interdependenz (Allverbundenheit). Menschliche Erfahrung, Verhalten und Kommunikation unterliegen interaktionellen und universellen Gesetzen. Geschehnisse sind keine isolierten Begebenheiten, sondern bedingen einander in Vergangenheit, Gegenwart und Zukunft.

2. Ehrfurcht gebührt allem Lebendigen und seinem Wachstum. Respekt vor dem Wachstum bedingt bewertende Entscheidungen. Das Humane ist wertvoll, Inhumanes ist wertbedrohend.

3. Freie Entscheidung geschieht innerhalb bedingender innerer und äußerer Grenzen. Erweiterung dieser Grenzen ist möglich ... Bewußtsein unserer universellen Interdependenz ist die Grundlage humaner Verantwortung.«
   Die Themenzentrierte Interaktion ist somit der Ausdruck einer Ganzheit von einzelnen Personen, der Gruppe und ihrer gemeinsamen Aufgabe (dem »Thema«), mit dem Ziel, Wachstum und menschliche Entwicklung zu ermöglichen und zu fördern.

TZI: ein Balanceakt
auf dem Drahtseil
menschlicher Begegnungen
und gemeinsamer Themen.

KV 31: Die Themenzentrierte Interaktion

Die sog. Themenzentrierte Interaktion ist ein Modell für die Arbeit in und mit Gruppen, das den Blick auf folgende vier Variablen richtet: die einzelne Person (das Ich), die Gruppe (das Wir) und die Sache (das Thema), eingebettet in ein Ganzes (Globe):

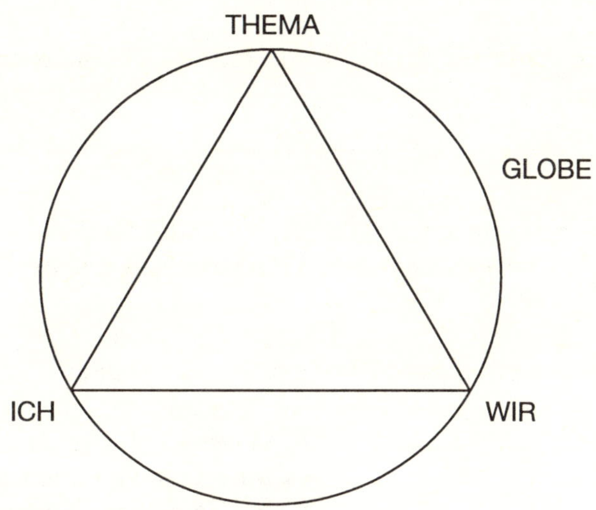

ICH:	die einzelne Person
WIR:	die Gruppe
THEMA:	die Sache
GLOBE:	der Kontext
ZIEL:	eine »dynamische Balance« zwischen Ich – Wir – Thema

Dieses Modell betont die Interdependenz und Integration von

- Ich – Wir – Thema
- Beziehungen und Sachen
- Vergangenheit – Gegenwart – Zukunft
- Seele – Geist – Leib
- Gebundenheit und Freiheit

Aufgaben

1. Sprechen Sie bitte mit anderen Personen über das TZI-Modell von Ruth Cohn: Ansatz, Hintergrund, Axiome, Anwendbarkeit ...

   Notizen: ______________________________

2. Welche Erfahrungen haben Sie als TeilnehmerIn mit der Themenzentrierten Interaktion?

   Notizen: ______________________________

3. Wenn Sie an Ihre bisherige Tätigkeit als Gesprächs- und/oder Gruppenleiter denken: Wo haben Sie – bewußt oder unbewußt – bereits nach dem TZI-Modell gearbeitet?

4. Welche Möglichkeiten haben Sie, das TZI-Modell anzuwenden:

   a) im Klassenzimmer
   b) im Kollegium
   c) in Konferenzen
   d) in der Lehrerfortbildung
   e) innerhalb von Dienstbesprechungen
   f) bei Tagungen, Kursen ...

   Oder: ______________________________

5. Sie leiten eine Gruppe im Sinne der TZI (Kontext bitte selbst herstellen – denken Sie bitte an den Anspruch einer »dynamischen Balance«!) Sie bekommen im Laufe der Arbeit folgende Äußerungen zu hören, auf die Sie bitte antworten:

Äußerungen:	*Meine Antworten:*
A: »Ich möchte jetzt endlich zur Sache kommen und hab' genug von den endlosen Beziehungsklärungen.«	______________________________
B: »Sie müßten noch stärker auf die TZI-Regeln hinweisen; dann kämen wir schneller voran.«	______________________________
C: »Ich sehe nicht ein, daß wir jetzt schon das Thema diskutieren, solange es noch hier unterschwellig brodelt.«	______________________________
D: »Ich bin froh, daß Sie uns das TZI-Modell angeboten haben. Endlich ist hier richtig gearbeitet worden und etwas dabei rausgekommen.«	______________________________

KV 32: TZI-Postulate und -Regeln

Ruth Cohn hat aus ihren Axiomen folgende Postulate und Regeln abgeleitet, die sich als sehr förderlich für die Arbeit in und mit Gruppen erwiesen haben:

1. Sei Dein eigener »Chairman«: Du bist für Dich selbst in der Gruppe verantwortlich. Versuche also, mit »ich« zu sprechen und vermeide das unpersönliche »man«. Du brauchst Dich nicht zu verstecken.

2. Störungen haben Vorrang und werden in der Gruppe geäußert. Sie sind vorhanden (auch wenn sie nicht immer artikuliert werden). Es ist wichtig, sie zu äußern, damit sie beseitigt werden können.

3. Äußere, was Du fühlst und denkst, aber wähle auch aus. Sage den anderen, wie sie auf Dich wirken und umgekehrt. Teile Dich selbst mit, und frage die anderen nicht aus. (Hinter jeder persönlichen Frage steht immer eine Aussage!)

4. Interpretiere nicht, sondern gib Deine Reaktionen wieder und sage, was Du denkst, fühlst, meinst. Anstelle von Irritationen schaffst Du dadurch Klarheit.

5. Vermeide Verallgemeinerungen; gib lieber Deine Betroffenheit wieder; zeige den anderen, was deren Mitteilungen bei Dir auslösen.

6. Drücke Dich den anderen direkt aus; vermeide also, mit jemandem *über* einen anderen zu reden. Versuche, mit ihm direkt zu reden, und fühle Dich in den anderen ein, wie er reagiert.

7. Wenn sogenannte Seitengespräche entstehen, so haben sie Vorrang. Seitengespräche werden also zu Gesprächen der ganzen Gruppe.

8. Von Zeit zu Zeit sind Gespräche über die Inhalte in der Gruppe wichtig (Metakommunikation): Ist das, worüber gesprochen wird, noch aktuell und interessant?

9. Von Zeit zu Zeit ist es wichtig, die »Stimmung« und Bedürfnislage der einzelnen TeilnehmerInnen zu erfahren. Dies geschieht durch ein sog. »Blitzlicht«. Diese »Bestandsaufnahme« sagt, wie es im Gruppenprozeß weitergehen soll ...

KV 33: TZI und Gruppenleitung

Es ist nicht Aufgabe des Gruppenleiters, genau darüber zu »wachen«, ob und wie die Gruppenregeln eingehalten werden. Es gibt in der Gruppe keine »Wachposten«. Vielmehr ist es wichtig, daß jedes Gruppenmitglied für die eigenen Belange *wachsam* und sensibel wird und gleichzeitg für die anderen offen und einfühlend ist. Der Gruppenleiter, der auch gleichzeitig Teinehmer ist, hat u.a. die Funktion, aufmerksam zu machen, zu beschreiben, zu verdeutlichen, z.B.: »Mir fällt auf ... Ich spüre momentan ... Ich erlebe euch derzeit ... Ich schlage vor, daß ...«

Unter dem Aspekt einer »dynamischen Balance« zwischem dem Ich, dem Wir und dem Thema besteht die Aufgabe der Gruppenleitung, auf diese Balance hinzuweisen. Dieses Gleichgewicht wird gestört, wenn

a) das Ich ein Übergewicht bekommt; z.B. erzählt ein Kollege sehr ausführlich über seine Probleme mit einem Schüler, obwohl dies momentan mit den anderen und dem Thema nichts zu tun hat. (Wie reagiert die Gruppe auf das Signal: »Der Schüler ist eine große Belastung für mich«?)

b) das Wir ein Übergewicht bekommt; z.B. tauschen die Gruppenmitglieder Erfahrungen aus, die nichts mit dem Thema zu tun haben. Die vereinbarte Aufgabe, das Thema, gerät aus dem Blickfeld. (Wie reagiert die Gruppenleitung auf das Signal: »Das Thema langweilt uns, unsere Erfahrungen sind uns wichtiger«?)

c) das Thema/die Sache ein Übergewicht bekommt; z.B. diskutieren einige TeilnehmerInnen über ein Problem, ohne auf die Befindlichkeit der anderen und die Beziehungen untereinander zu achten. (Wie kann die Gruppe wieder neu sensibilisiert werden, vermehrt das eigene Ich und das Wir wahrzunehmen?)

Aufgabe: Bitte intervenieren Sie als GruppenleiterIn, wenn das »Ich«, das »Wir« oder das »Thema« unangemessen ein Übergewicht bekommt:

a) Wie geht es Ihnen selbst dabei?
b) Was lösen Sie bei den Gruppenmitgliedern aus?
c) Wie reagieren diese Ihnen und den anderen gegenüber?

(Hinweis: Ich kann hier nur die Grundzüge der TZI *darstellen* und die Arbeit der Gruppenleitung *andeuten*. Wer sich näher damit befassen will, dem empfehle ich die Teilnahme an speziellen TZI-Seminaren.)

Übungen

Die nachfolgenden Übungen, die Sie bitte in einer Gruppe ausführen, beziehen sich auf die TZI-Postulate und -Regeln.

1. Einige TeilnehmerInnen sprechen sehr häufig mit »man«. Probieren Sie bitte einige Varianten aus, um den TeilnehmerInnen ein persönliches »Ich« zu ermöglichen. (Ich interveniere z.B. durch folgende Fragen: »Wie geht es *Ihnen*?...Was meinen *Sie* dazu?... Wie denkst *du* darüber?...« Mein persönliches Ansprechen »produziert« meist eine »Ich-Aussage« beim Gegenüber.)

   Notizen: ______________________________

2. »Störungen haben Vorrang«: Nicht jede Nebenbemerkung ist gleich eine Störung. Woran erkennen Sie eine »wirkliche« Störung in der Gruppe?

   Notizen: ______________________________

3. Einige TeilnehmerInnen geben kein Feedback, sondern äußern heftige Vorwürfe und Anklagen. Durch welche Interventionen können Sie beispielsweise Vorwürfe in Ich-Botschaften »übersetzen«?

   Notizen: ______________________________

4. Immer wieder gibt es von einigen TeilnehmerInnen sog. »Nebengespräche«. Bitte probieren Sie einige Varianten aus mit dem Ziel, diese Nebengespräche zu »Hauptgesprächen« in der Gruppe zu machen.

   a) Wie reagieren die Betroffenen?
   b) Wie reagieren die anderen TeilnehmerInnen?
   c) Wie sehen Ihre Interventionen aus? (Wunsch, Bitte, Aufforderung, Hinweis ...?)

   Notizen: ______________________________

5. Formulieren Sie bitte Sätze, die eine Phase der Metakommunikation einleiten:

   ____

   ____

6. Beschreiben Sie bitte Situationen, in denen ein Blitzlicht wünschenswert oder sogar notwendig ist: Ich biete ein Blitzlicht an,

   a) weil ______________________________
   b) wenn ______________________________
   c) damit ______________________________
   d) um zu ______________________________

KV 34: TZI in Klassen

Nachdem ich Dir erklärt habe, was TZI ist, interessieren mich Deine Erfahrungen, Deine Ansichten, Deine Wünsche, damit ich weiß, ob und wie ich weiterhin damit arbeiten kann:

1. Wenn in der Klasse diskutiert wird: Ist Dir am wichtigsten, daß
   a) Du Deine eigene Meinung sagen kannst und wie es Dir geht,
   b) Du die Meinung der anderen hörst und wie es ihnen geht,
   c) möglichst intensiv am Thema gearbeitet wird?
   (1 = am wichtigsten, 2 = wichtig, 3 = weniger wichtig)

2. Du hast die TZI-Regeln gelesen. Notiere bitte, was Du davon gut und was Du weniger gut findest:

   ____

   ____

3. Wenn Du an die zukünftige Arbeit mit dem TZI-Modell, an unsere Gespräche und Diskussionen in der Klasse denkst: Welche Wünsche hast Du
   a) an mich als Lehrer/in: ______________________________

   ____

   b) an die anderen in Deiner Klasse: ______________________________

   ____

4. Wenn in der Klasse diskutiert wird: Was fällt Dir dabei
   a) leicht: ______________________________
   b) schwer: ______________________________

5. Wenn Du eine (Gesprächs-)Gruppe leiten würdest (oder schon geleitet hast), notiere bitte:
   a) Ich trau mir schon zu: ______________________________

   ____

   b) Ich brauche noch folgende Hilfen: ______________________________

   ____

   c) Ich möchte noch lernen: ______________________________

   ____

6. Was mir sonst noch einfällt und ich mitteilen möchte: ______________________________

   ____

22 Transaktionsanalyse (TA)

Informationen I

Die Theorie der Transaktionsanalyse versteht alle zwischenmenschlichen Mitteilungen als Transaktionen, die sie aus der Sicht eines *psychoanalytisch* weiterentwickelten Modells der Persönlichkeit unter folgenden Fragestellungen betrachtet:

a) Was geht bei der Mitteilung *in* einem Menschen vor?
b) Was spielt sich *zwischen* Menschen ab, wenn sie kommunizieren?
c) Welche (meist unbewußten) »*Lebenspläne*« haben sie, welche Absichten verfolgen sie?

Nach Eric Berne, dem Begründer der Transaktionsanalyse (TA), agiert jeder einzelne Mensch aus drei Ich-Zuständen heraus (= aus drei unterschiedlichen Weisen des »In-der-Welt-Seins«), nämlich aus dem sog. *Kind-Ich* (K), dem *Eltern-Ich* (EL) und dem *Erwachsenen-Ich* (ER). Sie sind eine Art »Speicher«, in denen von frühester Kindheit an bestimmte Ereignisse aufgezeichnet werden, wobei jeder Ich-Zustand aus Gefühlen, Denkmustern und Verhaltensweisen besteht.

Die verschiedenen Ich-Zustände (als jeweils *kohärentes* System) werden folgendermaßen definiert:

- *Eltern-Ich (EL):* Fühlen, Denken und Verhalten, das von den Eltern oder Elternfiguren übernommen wurde *(»Ich sollte, ich müßte ...«)*
- *Erwachsenen-Ich (ER):* Fühlen, Denken und Verhalten, das eine realitätsgerechte Reaktion auf das Hier und Jetzt ist *(»So ist es ... Ich handle so und so ...«)*
- *Kind-Ich (K):* Fühlen, Denken und Handeln, das aus der Kindheit stammt und wieder reaktiviert wird *(»Ich wünsche mir ... Ich möchte gerne ... Ich hätte ...«)*

Jeder Mensch greift, je nach Konstellation, in der Kommunikation auf diese drei Ich-Zustände zurück, indem er beispielsweise ermahnt, moralisiert oder sich besorgt zeigt (EL), auf Tatsachen hinweist und sie begründet (ER) oder sich in Zustände versetzt, die er als Kind schon einmal erlebt hat und entsprechend äußert (K).

Die Transaktionsanalyse ist eine sehr umfassende Theorie menschlicher Verhaltensweisen. Für die *zwischenmenschliche Kommunikation* ist sie ein vorzügliches *Analyse- und Klärungsinstrument* (vor allem in Konfliktsituationen), um Störungen zu diagnostizieren und um angemessene Verhaltensweisen (sowohl für die eigene Person als auch im Umgang mit anderen) zu ermöglichen.

Informationen II

Nehmen wir eine Transaktion (als kleinste Einheit der Kommunikation) genauer unter die Lupe:
Ein Lehrer sagt zu einem Schüler:
»Schon wieder sechs. Du lernst es ja doch nie.« (EL → K)
Der Schüler kann nun jeden seiner drei Ich-Zustände aktivieren, und zwar wiederum an die drei Ich-Zustände des Lehrers, so daß es theoretisch neun Möglichkeiten der Transaktion gibt. Ich beschränke mich auf drei:

Variation I: K → EL:
Schüler (stocksauer): »Ich glaube, daß Sie mich nicht leiden können; deshalb würgen Sie mir einen Sechser rein. Da kann ich ja gleich abhauen.« (= Das kenn' ich schon. Ich habe keine Chance ...)

Variation II: ER → ER:
Schüler (einsichtig): »O.k., ich habe nichts gelernt. Trotzdem möchte ich nicht, daß Sie mich deshalb vor der Klasse bloßzustellen.« (= Die Note ist korrekt. Die Bloßstellung wird abgelehnt ...)

Variation III: EL → K:
Schüler (drohend): »Warten Sie nur, bis die Abi-Zeitung rauskommt. Dann werden Sie sehen, was da über Sie drinsteht ...« (= Der Schüler dreht den Spieß um und spricht aus dem negativ-kritischen Eltern-Ich-Zustand heraus. Er will den Lehrer in Angst versetzen.)

Grafisch sieht das dann so aus:

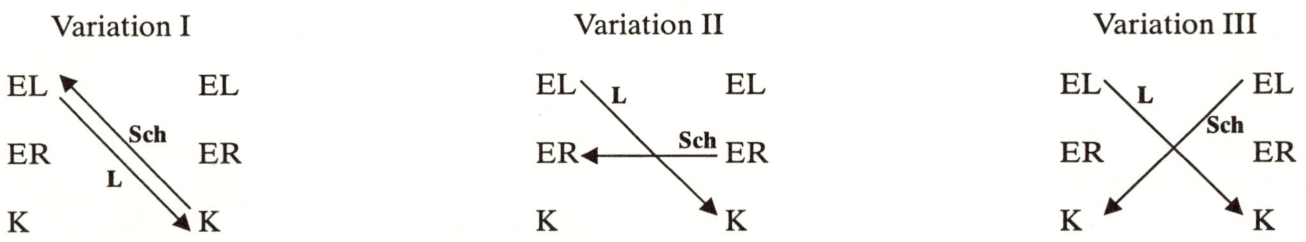

Grundsätzlich gibt es drei verschiedene Varianten:

a) *komplementär-symmetrisch:*
(z.B. ER → ER / ER → ER)
(angemessene Reaktion)
Person A: »Wieviel Uhr ist es, bitte?«
Person B: »8 Uhr.«

b) *komplementär-asymmetrisch:*
(z.B. EL → K / K → EL)
(angemessene Reaktion)
Person A: »Komm, beeil Dich!«
Person B: »Ich komm' ja schon.«

c) *ungleich (gekreuzt):*
(z.B. ER → ER / EL → K)
Person A: »Wieviel Uhr ist es, bitte?«
Person B: »Schau doch selber nach!«
(unangemessene Reaktion; durch die gekreuzte Transaktion ist die Kommunikation gestört)

Aufgaben

1. Ordnen Sie bitte die folgenden Sätze einem der drei Ich-Zustände zu:
   Schulleiterin (während einer Konferenz):
   »Ich schlage vor, die ganze Angelegenheit zu vertagen, um sie in Ruhe noch einmal zu überdenken.«

   Lehrer (unvermittelt, während einer Gruppenarbeit):
   »So, Leute, ich hör' für heute auf.
   Ich habe keine Lust mehr.«

   Fachbereichsleiter, nach einem Unterrichtsbesuch:
   »Nach 20 Jahren Schuldienst sollten Ihnen diese Fehler aber nicht mehr unterlaufen.«

2. Antworten Sie bitte auf folgende drei Sätze (EL, ER, K) aus Ihren eigenen drei Ich-Zuständen EL, ER und K:

   Eltern-Ich (z.B. ein Vorgesetzter, ärgerlich):

   »Muß ich Sie denn dauernd an Ihre Pünktlichkeit erinnern?«

   EL: ______________________________

   ER: ______________________________

   K: ______________________________

Erwachsenen-Ich (z.B. ein Kollege, neu in der Schule):

»Kann ich bei Ihnen im Unterricht einmal hospitieren? Ich verspreche mir viel davon.«

EL: ______________________________

ER: ______________________________

K: ______________________________

Kind-Ich (z.B. eine Mutter):

»Ach wissen Sie, am liebsten möchte ich den ganzen Krempel hinwerfen. Es wird mir alles zuviel.«

EL: ______________________________

ER: ______________________________

K: ______________________________

3. Sie können diese Aufgabe mehreren Personen geben und dann Ihre »EL-ER-K-Antworten« vergleichen:

   a) Welche Unterschiede stellen Sie fest?

   b) Aus welchen Ich-Zuständen antworten Sie normalerweise (was haben Sie also »schnell parat«)?

   c) Welche Ich-Zustände aktivieren Sie weniger?

Reflexion

Innnerhalb unserer beruflichen Tätigkeiten ist die Konstellation ER → ER wünschenswert und angemessen. Ein besonderes Qualitätsmerkmal ist dabei die Reversibilität, d.h., der Empfänger sollte aus dem gleichen Ich-Zustand antworten können (dürfen) wie der Sender.
Die Konstellation ER → ER kann sich allerdings schlagartig durch bestimmte Situationen ändern, z.B. wenn jemand

- angegriffen wird: Die Reaktion ist Panik (K).
- Rundumschläge austeilt: Die Reaktion ist Zurückschießen (EL).
- Hilfe benötigt: Die Reaktion ist Fürsorge (ER).

Bei Streitereien beispielsweise verweilen die beteiligten Personen hauptsächlich im Eltern- bzw. Kind-Ich. In solchen und anderen Situationen kann dann der »Kommunikationsschlüssel TA« zu Hilfe genommen werden, um Konflikte zu analysieren, Irritationen zu beseitigen, Klärungen zu bewirken und um angemessene Verhaltensweisen zu finden.

Die Transaktionsanalyse hat mir im Umgang mit anderen Menschen neue Einsichten gebracht und mir geholfen, meine Beziehungen zu ihnen zu verbessern:

1. Ich bin mir meiner eigenen Kind-, Eltern- und Erwachsenen-Ich-Zustände bewußter geworden:

2. Ich höre jetzt rascher die verschiedenen Ich-Zustände bei meinen Gesprächspartnern und kann sie dadurch besser verstehen:

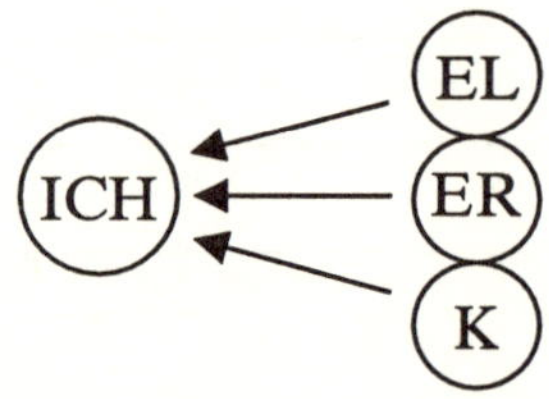

3. In beruflichen Situationen agiere ich vermehrt mit meinem Erwachsenen-Ich (ohne EL und K zu vernachlässigen!):

4. Ich gestehe mir zu, nach meinen Bedürfnissen meine Ich-Zustände zu aktivieren:

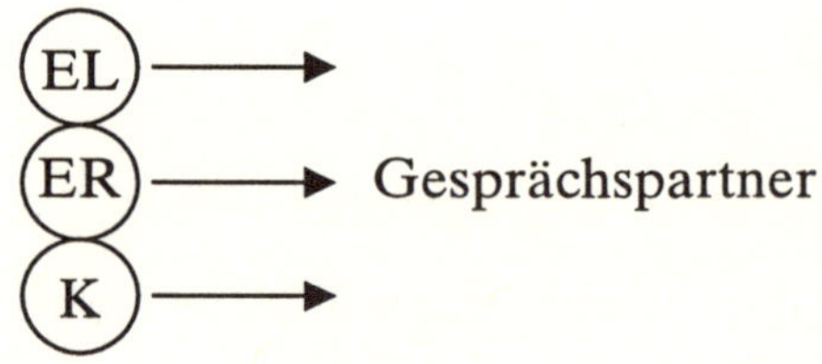

Eine gleichberechtigte Beziehung, dauerhaft und konstruktiv, vor allem in beruflichen Situationen, wird sich auf der Transaktion ER ↔ ER einpendeln, mit den belebenden »Nebenschauplätzen« EL und K.

KV 35: Raster zur Analyse von Transaktionen

Handhabung: Mit Hilfe dieses Schemas können Sie jede Äußerung von Personen einordnen und die entsprechenden Transaktionen analysieren, z.B. auf K folgt EL folgt K folgt ER folgt EL folgt ER folgt ER usw.

PERSON A **PERSON B**

Abkürzungen:

EL = Eltern-Ich
ER = Erwachsenen-Ich
K = Kind-Ich

Hinweis:

Das Eltern-Ich mit den Anteilen kritisch (k) und fürsorglich (f)
Das Kind-Ich mit den Anteilen angepaßt (a) und frei (f)

Übungen

1. Beobachten Sie bitte Gespräche, und ordnen Sie (mit Hilfe des Rasters, KV 35, S. 155) die jeweiligen Impulse (Stimuli) und Reaktionen den verschiedenen Ich-Zuständen zu. Sollten Sie in einer Gruppe sein: Vergleichen Sie Ihre Aufzeichnungen mit den der anderen TeilnehmerInnen.

   Notizen: ______________________________

2. Führen Sie bitte ein Konfliktgespräch mit einem Gesprächspartner/einer -partnerin, und lassen Sie sich beobachten: Wie häufig haben Sie aus dem EL-, ER- und K-Ich-Zustand agiert bzw. reagiert?

   EL: ______________ ER: ______________ K: ______________

3. Sie können alle Beispiele der Kommunikation in diesem Trainingsbuch unter dem Aspekt des Ablaufs von Transaktionen betrachten und entsprechend einordnen. Blättern und suchen Sie nach Belieben!

   Notizen: ______________________________

4. Führen Sie bitte ein *Konfliktgespräch* (in dem es zu Beginn ziemlich hoch hergeht) mit dem Ziel, sich allmählich auf ER ↔ ER einzupendeln.

   Notizen: ______________________________

5. *Streiten* Sie sich bitte heftig mit jemandem, und lassen Sie sich dabei beobachten. Wie oft besetzten Sie die jeweiligen Ich-Zustände?

   EL: ______________ ER: ______________ K: ______________

6. Wenn Sie wollen (und wenn Sie dabei nicht unangenehm auffallen): Führen Sie in der nächsten Konferenz eine Strichliste mit Aufzeichnungen der verschiedenen Transaktionen. Welche Ich-Zustände werden von wem bevorzugt aktiviert?

   Notizen: ______________________________

(Achten Sie bitte bei Ihren Beobachtungen auch auf die nonverbalen Mitteilungen, die ebenfalls Aufschluß darüber geben, welche Ich-Zustände aktiviert werden.)

Die Transaktionsanalyse ist eine Brille,
durch die zwischenmenschliche Kommunikation
auf ihre Zustände hin beleuchtet wird.

23 Neurolinguistisches Programmieren

Informationen I

Das sog. »Neurolinguistische Programmieren« (NLP) ist anfangs der 80er Jahre von R. Bandler, einem Informatiker, und J. Grinder, einem Linguisten, in den USA kreiert worden. Sie haben die Arbeit erfolgreicher und berühmter Therapeuten (u.a. F. Perls, V. Satir und M. Erickson) beobachtet, analysiert und daraus eine therapeutische Mischform aus Hypno-, Verhaltens-, Gestalt- und Familientherapie entwickelt. Diese Kurzzeittherapie, die sich in den letzten Jahren rasch ausbreitete, basiert auf folgenden *Grundannahmen*:

- Jeder Mensch kommuniziert auf einer bewußten und auf einer unbewußten Ebene.
- Die Welt, die die Menschen vorfinden, ist von ihnen *er*funden.
- Hinter jeder Störung steckt eine positive Absicht.
- Die Menschen tragen die Lösungen ihrer Probleme selbst in sich. Mit Hilfe der Therapeuten entdecken sie ihre eigenen Ressourcen.
- Negative Sichtweisen können in positive umgewandelt werden.

Die Erkenntnisse von R. Bandler und J. Grinder im Rahmen ihrer NLP-Forschungen enthalten auch wesentliche Elemente für das Verstehen kommunikativer Vorgänge und die Verbesserung zwischenmenschlicher Beziehungen: In der Kommunikation haben wir gelernt, unser Augenmerk vorwiegend auf den Inhalt (das *Was*) zu richten. Genauso bedeutsam ist es aber auch, auf das *Wie* unserer Mitteilungen und auf die Prozesse der Wahrnehmung, der inneren Verarbeitung und der Bewertung von Ereignissen zu achten, wobei wir über die *Sinne* Zugang zu unserem inneren Erleben finden:

Wir sehen (visuell): hell, dunkel, verschwommen, klar, nah, entfernt ...
Wir hören (auditiv): laut, leise, klangvoll, harmonisch ...
Wir fühlen/bewegen uns (kinästhetisch): warm, kalt, langsam, rasch ...
Wir riechen (olfaktorisch): zart, deftig, blumig ...
Wir schmecken (gustatorisch): süß, sauer, salzig, bitter.

Über diese *sinn*lichen Wahrnehmungen bekommen wir zu uns selbst und zu unseren Mitmenschen Kontakt (Sinne sind verläßlicher als Interpretationen!) und können uns gegenseitig sowohl besser verstehen als auch unsere äußeren und inneren Ressourcen stärker ausnutzen, allerdings auch mißbrauchen. Gerade im Umgang mit dem Neurolinguistischen Programmieren ist deshalb besonders hohes Verantwortungsbewußtsein notwendig.

KV 36: NLP-Grundbegriffe

Neuro =	Alle inneren Zustände, von Depressionen bis Aggressionen, von Euphorie bis Trauer, beruhen auf *Nerven*reizen und -reaktionen.
Linguistisch =	Alle diese inneren Zustände können durch *Sprache* geäußert werden.
Programmieren =	Unser Verhalten besteht aus gelernten »Programmen«, die verändert werden können.
Pacing: (Gleichschritt herstellen)	Damit ist das Sicheinstellen auf das Gegenüber, auf sein psychisches »Wahrnehmungs- und Verarbeitungssystem« und auf seine »kommunikativen Eigenheiten« gemeint.
Rapport: (»guter Kontakt«)	Damit ist die emotionale Verbindung, der »gute Draht«, gemeint, den die Gesprächspartner zueinander haben unter Wahrnehmung ihrer »Repräsentationssysteme«.
Leading: (Führen)	Damit ist »führendes Begleiten« und nicht Manipulieren (oder gar Ver- oder Vorführen) gemeint; zu wem ich einen »guten Draht« habe, zu dem habe ich auch Vertrauen.
Anchoring (Ankern)	Damit ist der Kontakt/die Verbindung zu früheren angenehmen Situationen und das Hervorrufen günstiger Ausgangspositionen für Veränderungen gemeint, vergleichbar mit bestimmten Konditionierungsprozessen.
Reframing: (»neuer Rahmen«)	Damit ist eine Umbewertung bisheriger Sichtweisen, Situationen, Personen ... gemeint. (Ist die Flasche halb voll oder halb leer?)
Ressource: (zu Verfügung stehende Mittel)	Damit sind die eigenen Kräfte/Kompetenzen gemeint, die der Mensch hat und die es (wieder) zu entdecken gilt.

Informationen II

Sinnesmodalitäten (im weitesten Sinne auch die sog. »Lerntypen«) lassen sich u.a. durch folgende Äußerungen erkennen:

1. visuell:

- Ich schau' mir das nicht mehr länger an.
- Ich blicke voll durch.
- Ja, das sehe ich auch so.
- Diese Lösung leuchtet mir ein.
- Jetzt geht mir ein Licht auf.
- Jetzt sehen Sie sich das mal an.
- Kannst du dir das vorstellen?
- Jetzt schau, daß du weiterkommst ...
- Ach, da schau an!
- Schau'n mer mal!

2. auditiv:

- Das klingt ganz gut.
- Das hört sich aber gut an.
- Bei mir hat's geklickt.
- Das ist Musik in meinen Ohren.
- Das kann ich nicht länger mit anhören.
- Hast du so was schon gehört?
- Er gibt keinen Ton mehr von sich.
- Hör endlich auf damit!
- Hört, hört!

4. Mischform:

- Mir ist Hören und Sehen vergangen.

3. kinästhetisch:

- Das fühlt sich gut an.
- So fühle ich mich wohl.
- Ich habe das Gefühl, daß ...
- Das ist Balsam für meine Seele.
- Das ertrage ich nicht länger.
- Kannst du mir folgen?
- Das bewegt mich sehr.
- Mich bedrückt etwas.
- Mir geht etwas leicht von der Hand.

Aufgaben

Sollten Ihnen bereits die Grundgedanken des NLP vertraut sein, so blättern Sie bitte um – oder Sie gönnen sich den Spaß einer Wiederholung:

1. Sie haben einige Informationen über das Neurolinguistische Programmieren erhalten. Wie denken Sie darüber? Welche Erwartungen, Hoffnungen, Bedenken ... werden bei Ihnen ausgelöst?

   Notizen: ______________________________

   ____

2. Sollten Sie bereits mit NLP in Berührung gekommen sein: Was sind Ihre bisherigen Erfahrungen?

   Notizen: ______________________________

3. Wie stehen Sie zu den Grundannahmen des NLP:
   - unbewußt und bewußt kommunizieren: ______________
   - die Welt »erfinden«: ______________
   - die positive Absicht einer Störung sehen: ______________
   - die eigenen Ressourcen entdecken: ______________
   - Negatives in Positives umprogrammieren: ______________

4. Führen Sie bitte (real oder im Rollenspiel) zwei Gespräche:

   a) Im ersten Gespräch *verteidigen* Sie bitte die Grundannahmen des NLP.

      Ergebnis des Gesprächs: ______________

   b) Im zweiten Gespräch *erheben* Sie bitte *Einwände* gegen die Grundannahmen des NPL.

      Ergebnis des Gesprächs: ______________

5. Welche Konsequenzen ziehen Sie aus den Erkenntnissen des NLP für Ihre Arbeit in Schule und Schulverwaltung hinsichtlich der Wahrnehmung der Sinnesmodalitäten von Menschen (= Wir haben es mit verschiedenen »Lerntypen« zu tun!)?

   Notizen: ______________________________

6. Welcher Lerntyp sind Sie, d.h., mit welchen Kanälen nehmen Sie »die Welt« wahr bzw. repräsentieren Sie sie?
   visuell ☐, auditiv ☐, kinästhetisch ☐, Mischtyp aus ______________

Neurolinguistisches Programmieren:
von der Wahrnehmung äußerer Erscheinungen
zum Verstehen der inneren Wirklichkeit.

Reflexion

NPL boomt (laut »Spiegel« (1994/47) gibt es derzeit etwa 5000 NLP-Fachtherapeuten!) – und es scheint, als wäre ein Allheilmittel auf dem Psychomarkt gefunden worden, das weit über die Psychotherapie hinausreicht und sich auf vielfältige Weise im Alltag als wirksam erweist.
(NPL kann nicht im Schnellverfahren als Therapie gelernt werden, sondern kann allenfalls eine sinnvolle Ergänzung zu bereits bestehenden therapeutischen und/oder beratenden Kompetenzen sein!)

Aus meiner Sicht sind folgende Merkmale der NPL-Kurzzeit*therapie* für die Verbesserung der kommunikativen Kompetenz hilfreich und von Nutzen:

a) die Betonung einer stärkeren Wahrnehmung der nonverbalen und verbalen Ausdrucksweisen von Menschen
b) die Differenzierung der persönlichen Wahrnehmungsfähigkeit in visueller, auditiver und kinästhetischer Hinsicht
c) die Akzeptanz der subjektiven Wirklichkeit der Menschen
d) die Bestärkung der Menschen bezüglich ihrer eigenen Ressourcenwahrnehmung und -nutzung
e) das Angebot der »Hilfe zur Selbsthilfe« und die Reduzierung der Abhängigkeit von professionellen BeraterInnen.

Darüber hinaus ziehen die Erkenntnisse des NLP eine Reihe von bedeutsamen Konsequenzen für das Lernen in der Schule nach sich, z.B.

- stärkere Beachtung der verschiedenen Lerntypen/Lernwirklichkeiten
- die Bejahung einer »subjektiven Didaktik«
- differenzierte Unterrichtsangebote und mehrkanaliges Lernen
- Veränderungen in der Bewertung und Benotung von Leistungen.

Deutlich zeigt sich dabei auch die Möglichkeit zum Mißbrauch der vorhandenen »Klärungsinstrumente« in der Hand der TherapeutInnen, BeraterInnen und LehrerInnen und die hohe Verantwortung derer, die im Sinne des NLP arbeiten. (Mit einem Messer kann man sowohl Brot schneiden als auch verletzen!)
Ich teile nicht die Meinung mancher NLP-ler, jede Kommunikation sei Manipulation, sehe aber durchaus, daß sie u.a. auch beeinflussen kann. (Siehe den *Appellaspekt* beim Vier-Seiten-Modell!) Es hängt auch vom Empfänger ab, inwieweit er sich auf diese Beeinflussung einläßt.
Wie jede rasch in Mode gekommene Erscheinung ist auch dem Neurolinguistischen Programmieren, d.h. den Inhalten und den mit ihnen befaßten Personen, mit Achtsamkeit und kritischer Distanz zu begegnen.

Übungen

Trainieren Sie bitte nachfolgend die in KV 36 (S. 158) erwähnten Handlungsweisen, wobei Sie sich selbst entsprechende Gesprächssituationen und -partnerInnen aussuchen (z.B. SchülerIn, Kollegin ...), die Sie beraten:

Pacing:
Beobachten Sie bitte die nonverbalen und verbalen Äußerungen Ihres Gegenübers und stellen Sie sich beispielsweise auf seine Bewegungen oder sein Sprechtempo oder seine Atmung ..., seine Grundgedanken ein. Welche (immer wiederkehrenden) Sprachmuster werden von ihm benützt?

Rapport:
Wie sieht Ihr »guter Draht« zu Ihrem Gegenüber aus? Was »sperrt« sich in Ihnen? Welche Übereinstimmungen, welche Ähnlichkeiten entdecken Sie (nonverbales Verhalten, Meinungsäußerungen)? Welche »Brücken« können geschlagen werden, sollte Ihr Gesprächspartner auf einem »ganz anderen Stern« leben?

Leading:
Machen Sie Vorschläge, geben Sie Hinweise, und beobachten Sie, wie diese aufgenommen werden (o.k. – ja, aber – Nicken – Kopfschütteln ...). Sperrt sich Ihr Gegenüber; spüren Sie »Widerstand« oder innerliches Mitgehen?

Anchoring:
Ihrem Gegenüber fällt es schwer, bestimmte Änderungen im Denken, Bewerten oder Handeln vorzunehmen. Was können Sie aus ihm »heraushören«? Wo ist sein »Zuhause«, wie sieht sein »Ankerplatz« aus, vom dem aus es seine Reise mit Ihnen beginnt? Auf welche ihm vertrauten »Orte« können Sie Bezug nehmen?

Reframing:
Helfen Sie Ihrem Gegenüber bei der Umbewertung von Situationen und Personen, indem Sie es zum Sichtwechsel einladen. (Das ist zwar noch keine Verhaltensänderung, aber eine wichtige Voraussetzung dafür.)

Ressource:
Welche eigenen Kräfte entdecken Sie in Ihrem Gegenüber, die Sie ihm zeigen/anbieten können? Was können Sie ihm bewußtmachen? Wie findet es Zugangswege zu bereits vorhandenen Kompetenzen?

Hinweise

a) zum Pacing:

- auf die nonverbalen Verhaltensweisen achten:
  Atmung, Bewegungen, Mimik
  Sprechgeschwindigkeit, Stimmhöhe, Lautstärke ...
- auf die verbalen Äußerungen achten:
  Wortwahl, Wortwiederholungen
  Verhältnis von Verben, Adjektiven und Substantiven
  häufiges Bejahen oder Verneinen
- auf die Unterscheidung achten von:
  Erfahrung und Phantasie
  Wollen und Können
  Tun und Bleibenlassen

b) zum Rapport:

- auf Gemeinsamkeiten achten (was verbindet uns):
  Ideen, Sichtweisen, Erfahrungen, Meinungen
  Vergangenes, Gegenwärtiges, Zukünftiges
  Vorhaben, Aussichten ...

c) zum Leading:

- auf die Reaktion der Führungsangebote achten:
  rasch darauf eingehend, überlegt, unüberlegt
  zögerlich, widerstrebend, unwirsch, ablehnend
- auf die »Botschaft« des Widerstandes achten:
  »Widerstand« heißt ...
  die eigene Meinung lautet ...
  die eigenen Ideen bedeuten ...

d) zum Anchoring:

- auf die Lieblingsgewohnheiten ... achten:
  das »innere Zuhause«, die »Heimat«
  die Beschäftigungen
  die Gedanken, Bilder ...

e) zum Reframing:

- Perspektivenwechsel vornehmen:
  Umbewertungen anbieten
- andere Richtungen aufzeigen
- andere Deutungen zulassen
- Konsequenzen daraus ziehen

24 Grenzen des Dialogs

Reflexion

Die Mitteilungsbereitschaft des Senders und die Aufnahmebereitschaft des Empfängers bedingen sich gegenseitig. Sender und Empfänger sind aufeinander angewiesen; sie »brauchen« sich:
»Jetzt hör mir doch endlich einmal zu!« ist oftmals der verzweifelte Versuch, wahrgenommen und gehört zu werden. »Jetzt sag doch auch mal was!« der dringende Appell, Antwort zu bekommen.

Grenzen des Gesprächs:
Entweder die Menschen haben sich nichts (mehr) zu sagen. Sie sind durch das viele Reden (und Nicht-verstanden-Werden) müde und ausgelaugt. Sie schweigen ... Oder: Sie haben geredet, es ist alles gesagt, und das Reden hat seinen Sinn erfüllt.
Reden und Zuhören können nicht erzwungen werden. Der letzte Schritt von Kommunikation und Interaktion besteht in der Wahrnehmung und Respektierung/Akzeptanz der Beendigung des Dialogs. Dies kann – im Berufsfeld Schule und Schulverwaltung – zweierlei Gründe haben:

a) institutionelle:

Über das Gesagte kann nicht mehr geredet, disputiert und diskutiert werden, weil die Grenzen der Möglichkeiten und »Spielräume« erreicht worden sind. Es bleiben – quasi als Grenzpfeiler – Hinweise, Anweisungen, Anordnungen, Gebote und Verbote übrig.

b) persönliche:

Jede Person hat das Recht auf Schweigen, um sich beispielsweise zu schützen, um etwas zu tabuisieren oder um (zu) Persönliches und Intimes für sich zu behalten.
Allerdings: Das Schweigen selbst kann des öfteren eine sehr »beredsame« Botschaft sein: *Eigentlich* möchten Menschen doch reden, aber sie schweigen, weil sie beispielsweise Angst haben, sie könnten sich blamieren, »über den Tisch gezogen zu werden«, als Verlierer dazustehen oder ohne Argumente ausgeliefert zu sein.
Sie schweigen, weil man ihnen das Wort verboten oder im Munde verdreht hat, weil sie gekränkt worden sind und sich verletzt fühlen oder weil sie verbittert und hilflos sind: Es bleibt nur noch das Stummsein übrig.
Es ist also mit dem Reden und Schweigen, mit dem Dialog und seinen Grenzen sehr achtsam umzugehen und auf die oft sehr leisen Botschaften zu hören, die den Wunsch nach Reden und Schweigen zum Ausdruck bringen.

KV 37: Grenzen des Dialogs

Institutionelle Grenzen	*Möglichkeiten des Dialogs*	*Persönliche Grenzen*
Anweisungen	Meinungsäußerungen	Persönliches
	Erfahrungsaustausch	
Gesetze	Wissensvermittlung	Schutz
	Diskussionen	
Gebote	Aussprachen	Tabuisierung
Verbote	Beratung, Klärung	Zwänge
	Grundhaltungen:	
	Offenheit, Wertschätzung	
	Echtheit, Einfühlung	
	Toleranz, Akzeptanz	

Transparenz der Grenzen

Transparenz der Grenzen

Alles hat seine Zeit:
Reden und Schweigen.

Aufgaben I

1. Erinnern Sie sich bitte an Menschen, die Ihnen gegenüber begonnen haben zu schweigen bzw. das Gespräch verweigert haben: Was waren deren Gründe/Botschaften:

   Notizen: ______________________________

2. Erinnern Sie sich bitte an Situationen (bis zurück in die Kindheit), in denen Sie »Rede und Antwort« verweigert haben und in denen Sie verstummt sind. Gründe:

   ____

3. Notieren Sie bittte Aktivitäten/Interventionen, durch die Sie bisher »Schweiger und Redeverweigerer« (doch noch) zum Reden gebracht haben:

   ____

4. Wie geht es Ihnen, wenn Menschen Sie überreden wollen oder überredet haben?

   ____

5. Was empfinden Sie, wenn Sie im Gespräch mit Menschen an die »Grenzen des Dialogs« kommen?

   ____

6. Es gibt keinen Dialog mehr. Was dann?

   ____

7. Rollenspiel: Führen Sie bitte ein Zweiergespräch, in dem Sie unbedingt den Dialog wollen, Ihr Gegenüber ihn aber verweigert und beharrlich schweigt (anschließend Rollentausch). Wie ging es Ihnen beim Fordern bzw. Verweigern?

   Notizen: ______________________________

8. Rollenspiel: Führen Sie bitte ein Zweiergespräch, das Sie nach einiger Zeit beenden müssen, und verweisen Sie auf Anordnungen, Gebote, Verbote ...
   Anschließend Erfahrungsaustausch: Wie erlebten Sie sich selbst, wie Ihr Gegenüber?

9. Rollenspiel: A redet mit B, und B schweigt plötzlich, dreht den Rücken zu, geht auf Distanz, verläßt den Raum ... (gibt also nonverbale Botschaften).
   Achten Sie bitte auf Ihre Körperempfindungen und auf Ihre Gefühle (Herzklopfen ..., Wut, Hilflosigkeit ...).

Übungen

1. Antworten Sie bitte auf folgende Aussagen:

Aussagen:	*Antworten:*
Kollege: »Mir reicht's jetzt. Mit Ihnen kann man ja doch nicht reden.«	
Vater: »Ich habe jetzt nichts mehr zu sagen. Jetzt redet nur noch der Anwalt.«	
Schulrätin: »Ich wüßte nicht, was es hier noch zu reden gäbe.«	
Schüler: »Lassen Sie mich doch endlich in Ruhe. Sie mit Ihrem Gelabere ...«	
Kollegin: »Ich will keine Ratschläge von dir. Laß mich bitte in Ruhe!«	
Vorgesetzter: »Ich verbitte mir hier jede Diskussion. Ende der Debatte!«	

2. Jemand will nicht mehr mit Ihnen reden. Versuchen Sie bitte, Ihr Gegenüber mit *allen* (sozialverträglichen) Mitteln zum Reden zu bringen.

   a) Wie erging es Ihnen? ______________________

   b) Wie erging es Ihrem Gegenüber? ______________________

   c) Was bewirkte (dann doch schließlich) das Ende des »Über-Redungsversuchs«?

3. Jemand will *unbedingt* mit Ihnen reden. Bitte verweigern Sie sich:

   a) Hinweise auf persönliche Gründe
   b) Hinweise auf institutionelle Gründe
   c) bloßes Schweigen

   Reflexion: Wie ging es Ihnen beim Verweigern und Neinsagen?

   Notizen: ______________________

Aufgaben II

1. Bestimmte Personen reden nicht mehr mit Ihnen und meiden Sie, weil Sie als

   a) *Lehrer(in)* einem *Schüler*/einer *Schülerin* die Note Sechs im Fach X gegeben haben
   b) *Vorgesetzte(r)* einem *Untergebenen* eine Beurteilung gegeben haben, die dieser nicht akzeptiert
   c) *Lehrer(in)* einer *Mutter*/einem *Vater* mitteilen mußten, daß ihr Sohn zum Schuljahresende nicht versetzt wird
   d) *Kollegin* einem *Kollegen* deutlich gesagt haben, daß Sie seine abfälligen Bemerkungen über SchülerInnen ablehnen.

   Was tun Sie in der Situation

   a: ______________________________

   b: ______________________________

   c: ______________________________

   d: ______________________________

2. Ein Kollege/eine Kollegin läßt Sie im Gespräch »abblitzen«, redet und redet und läßt Sie nicht mehr zu Wort kommen ...
   Wie »verdauen« Sie diese für Sie frustrierende Situation?

   ____

3. Ein Vorgesetzter stellt Sie zur Rede, weil Sie (zugegebenermaßen) einen schwerwiegenden Fehler gemacht haben. Er beendet seinen Dialog mit deutlichen Ermahnungen und läßt Sie einfach stehen.

   Ihre Empfindungen: ______________________________

   Ihr Reaktion: ______________________________

4. Sie haben einige SchülerInnen beim Rauchen erwischt, sie deutlich auf das Rauchverbot hingewiesen und Strafen angedroht. Daraufhin verweigern diese SchülerInnen jegliches Gespräch und jegliche Mitarbeit in Ihren Unterrichtsstunden.

   a) Was empfinden Sie? ______________________________

   b) Wie reagieren Sie? ______________________________

5. Sie haben in beiderseitigem Einvernehmen ein Gespräch mit zufriedenstellendem Ergebnis beendet und fahren nach Hause. Was geht Ihnen während der Zug- oder Autofahrt durch »Herz und Sinn«?

   ____

Grenz-Erfahrungen im Dialog

- Aus der Kindheit:

– »Du hältst jetzt sofort deinen Mund!«
– »Red nicht so dummes Zeug.«
– »Sei still, wenn Erwachsene reden!«
– »Ich kann dein blödes Geschwätz nicht mehr länger ertragen.«
– »Ich bin müde und kann dir nicht mehr zuhören.«

Ihre Erfahrungen: ______________________________

____

- Aus der Schulzeit:

– »Frag nicht so blöd!«
– »Deine Fragen gehen mir auf den Wecker.«
– »Was tuschelt ihr denn da hinten?«
– Zeugniseintrag: »vorlaut, geschwätzig und frech«

(Bemerkung: Im Frontalunterricht hat ein Lehrer etwa 80% Redeanteile; für 20 SchülerInnen bedeutet dies einen Einzelredeanteil von höchstens einem Prozent.)

Ihre Erfahrungen aus der Schulzeit: ______________________________

____

- Aus dem Erwachsenenleben:

– »Sie haben mir hier gar nichts zu sagen.«
– »Wissen Sie was: Mit Ihnen red' ich nicht mehr.«
– »Wenn hier jemand etwas zu sagen hat, dann bin ich es.«
– »Mit Ihnen kann man ja doch nicht reden.«
– »Ach, sind Sie doch still!«

Ihre Erfahrungen: ______________________________

____

- Wie »man« mundtot gemacht wird:

– »Zuerst ein großes Maul – und dann nicht mehr weiterwissen.«
– »Sie ziehen sich ja doch nur beleidigt zurück, wenn man Ihnen mal deutlich die Meinung sagt.«
– »Ich als Ihr Vorgesetzter ...«
– »Schluß jetzt, keine Widerrede!«

Ihre Erfahrungen: ______________________________

____

»Sie ... Sie ... Sie
ignorier' ich nicht mal!«

(K. Valentin, als er einmal über jemanden in Wut geriet)

25 Ethische Leitgedanken

Informationen

Der Artikel 1 des Grundgesetzes lautet: »Die Würde des Menschen ist unantastbar ...« In der Realität erleben wir häufig eine Kluft zwischen Recht (Anspruch) und tatsächlichen Verhaltensweisen (von verbalen Angriffen über sexuelle Belästigungen bis zu kaltblütigem Mord).
Da Sprache Wirklichkeit schafft, ist sie auch unter dem Aspekt zu betrachten, inwieweit durch sprachliches Verhalten das Grundrecht auf Unantastbarkeit der Würde des Menschen ge- und beachtet bzw. mißachtet wird.
Die in diesem Trainingsband bisher vorgestellten »kommunikativen Klärungsinstrumente« können sowohl förderlich als auch mißbräuchlich verwendet werden. Deshalb ist eine Basis von ethischen Grundhaltungen bzw. Sicht- und Handlungsweisen notwendig, z.B. folgende:

● Gleichwertigkeit	deshalb:	Toleranz und Akzeptanz der verschiedenen Wirklichkeiten (Meinungen, Sichtweisen, Erfahrungen ...) von Menschen
	statt:	Mißachtung und Abwertung
● Selbstbestimmung	deshalb:	Verantwortung für das eigene Tun
	statt:	Bevormundung und Vereinnahmung
● Mitbestimmung	deshalb:	Vereinbarungen über Handlungs- und Vorgehensweisen
	statt:	Dominanz und Durchsetzung
● Solidarität	deshalb:	gegenseitiges Interesse und Gemeinsamkeit
	statt:	Gleichgültigkeit, Interesselosigkeit und Einsamkeit

Diese Sicht-und Handlungsweisen sollten in der zwischenmenschlichen Kommunikation, also durch die Art und Weise, wie Menschen miteinander reden, so verwirklicht werden, daß aus dem »Gerede« *über* die »Unantastbarkeit der Würde des Menschen« ein »würdevolles Reden« *mit* den Menschen wird, ein Weg, der sich zu gehen lohnt, der Sinn ergibt und den humanen Anspruch einlöst. Die *Dialogfähigkeit* ist eines der deutlichsten Zeichen, sich als Menschen gegenseitig ernst zu nehmen und das Recht auf die Unantastbarkeit der Würde auch in der Realität zu erfahren.

KV 38: Ethische Leitgedanken

Artikel 1 des Grundgesetzes:

Die Würde des Menschen ist unantastbar.

Die »kommunikativen Klärungsinstrumente« können sowohl förderlich als auch mißbräuchlich verwendet werden. Deshalb ist eine Basis von ethischen Sicht- und Handlungsweisen notwendig:

Gleichwertigkeit	Toleranz und Akzeptanz der verschiedenen Wirklichkeiten von Menschen
Selbstbestimmung	Verantwortung für das eigene Tun
Mitbestimmung	Vereinbarung über Handlungs- und Vorgehensweisen
Solidarität	Interesse, Anteilnahme Gemeinsamkeit

So erwächst aus dem bloßen *Gerede über* die Unantastbarkeit der Würde des Menschen die *Erfahrung* der Unantastbarkeit durch Akzeptieren der unterschiedlichen Wirklichkeiten.

Aufgaben I

1. Reflektieren Sie bitte in einer Gesprächsrunde die von mir erwähnten ethischen Sicht- und Handlungsweisen auf dem Hintergrund Ihrer eigenen Erfahrungen.

   Notizen: ______________________________

2. Beobachten Sie bitte in der nächsten Zeit bewußt sich selbst (und andere) in Ihrem Sprachhandeln, und notieren Sie verbale Äußerungen, die diese Sicht- und Handlungsweisen

   a) zum Ausdruck bringen
   b) negieren oder verletzen

   Notizen: ______________________________

3. Welche Antworten haben Sie auf die Frage, warum es bisweilen (häufig) so schwer ist, die »Unantastbarkeit der Würde des Menschen« im sprachlichen Umgang miteinander (vor allem in Konfliktsituationen) zu verwirklichen?

   Ihre Antworten: ______________________________

   ____

4. Psychoanalytiker sehen beispielsweise die Hauptursache des (verbalen) Verletzens in der Tatsache begründet, bereits von frühester Kindheit an selbst verletzt worden zu sein. Sind wir zum Verletzen vorherbestimmt oder gar konditioniert?

   Bemerkungen: ______________________________

5. Die Befragung über positive und negative Erfahrungen in Gesprächen (siehe Nr. 1, S. 12 u. 13) hat gezeigt, daß bei den Erwachsenen an erster Stelle Akzeptanz, Toleranz, gegenseitiger Respekt ... und bei den Jugendlichen Interesse, Aufmerksamkeit, Zuhören ... stehen.
   Was sagen Ihnen diese Ergebnisse?

6. C. Rogers hat herausgefunden, daß Echtheit/Kongruenz, Einfühlung und Wertschätzung/Akzeptanz höchst förderliche Einstellungen in Gesprächen mit Menschen sind. Welche Erfahrungen haben Sie mit diesen Variablen gemacht, als Sie beispielsweise

   a) selbst BeraterIn waren: ______________________________

   b) beraten worden sind: ______________________________

»Ich bin hier der Boß, und du bist ein Nichts«, sagte der Mann zur Frau.
»Was ist das schon: Boß über ein Nichts?« antwortete die Frau.

Erfahrungen

Vor gut 20 Jahren habe ich in meinem ersten Schuljahr als junger Lehrer einem Jungen, der mich bewußt anlog, im Zorn eine Ohrfeige verpaßt. In den Augen des Jungen las ich eine Mischung aus Totz, Haß und Angst ...
Für mich war dieser Vorfall schockierend, gleichzeitig aber auch eine Kehrtwende in meinem beruflichen Dasein:

a) Ich war, trotz meines berechtigen Gefühls des Zorns, zutiefst betroffen über mein Verhalten.
b) Ich fühlte mich hilflos, ohne angemessenes Handlungsrepertoire und hatte nur zur Verfügung, was schon meine eigenen alten Lehrer zur Verfügung hatten, nämlich Strafen aller Art.
c) Damals schwor ich mir: entweder nach Handlungsalternativen Ausschau zu halten und sie zu verwirklichen oder den Schuldienst zu kündigen.

So machte ich mich auf die Suche nach Möglichkeiten, humane Verhaltensweisen im Umgang mit mir und anderen zu finden. Im Laufe der Zeit bin ich fündig geworden. Zentrale Bedeutung haben für mich

1. die *Achtsamkeit* für mich selbst und andere, d.h. die Zunahme an Einfühlung, Verständnis, Verstehen
2. die *Vorbereitung* auf Kontakt und Gespräche mit anderen, d.h. das »Bei-mir-selbst-Sein« und das »Sich-auf-andere-Einstellen«
3. das *Wissen* um kommunikative Vorgänge, vor allem die Erkenntnisse der humanistischen Psychologie und entsprechende Einstellungen und Verhaltensweisen
4. die *Toleranz* und *Akzeptanz* mir und anderen gegenüber, »Stärken« und »Schwächen« haben zu dürfen
5. die *Einsicht,* daß viele Erfahrungen und »Übungsräume« notwendig sind, um befriedigend mit anderen kommunizieren zu können.

Fragen

Sie haben soeben meine Erfahrungen gelesen.

- Wie lautet Ihre »Kommunikationsgeschichte«?
- Was war Ihre Motivation, sich mit diesem Trainingsbuch zu befassen?
- Was hat Ihnen dieses Training gebracht?
- Welche erfreulichen Dialogerfahrungen haben Sie gemacht?
- Was haben Sie sich noch an Veränderungen vorgenommen?
- Wo stehen Sie jetzt?

Genug der Fragen. Reden wir zum Schluß noch über Spontaneität und Selbstkontrolle in Dialogen:

Exkurs: Kommunikation und Dialog zwischen Spontaneität und Selbstkontrolle

Immer wieder äußern TeilnehmerInnen in Trainingsseminaren zum Thema Kommunikation und Dialog ihre Sorge darüber, daß die Zunahme an Wissen und (professionellem) Gesprächsverhalten die Spontaneität einschränken könnte, wobei sie auf Berater und Therapeuten verweisen, die zu »cool« und »glatt« wirkten.

Aus meinen langjährigen Erfahrungen habe ich folgende Meinung zu diesem Thema:

1. Spontanes Verhalten kann förderlich, aber auch verletzend sein. Jede(r) muß letztlich selbst entscheiden, in welchem Kontext Spontaneität und Kontrolle – mit allen erfreulichen Begleiterscheinungen und Risiken – angebracht und sinnvoll sind, und für die Äußerungen die Verantwortung übernehmen.

2. Ich trenne spontanes Verhalten von unwillkürlichem Verhalten und bringe *willkürlich* und *spontan* durchaus in Einklang: Gefühlskontrolle heißt ja nicht gleichzeitig »verklemmt« sein.

3. Im Rahmen eines professionellen Gesprächsverhaltens sind Selbstkontrolle und Reflexionsfähigkeit (auf der Metaebene) unabdingbare »Instrumente«, deren Beherrschung nichts mit »Coolsein« und »Glattheit« zu tun haben, wohl aber mit Echtsein und Kongruenz.

4. Zu Beginn bestimmter kommunikativer Prozesse, in denen anfängliche Unsicherheiten normal sind, nimmt die Selbstkontrolle einen breiten Raum ein. Ich verweise in diesem Zusammenhang auf das Erlernen des Autofahrens: am Anfang höchste Kontrolle – am Ende automatisches Fahren und spontane Reaktionen. So kann es auch mit den kommunikativen Kompetenzen sein: am Anfang sehr überlegt und kontrolliert – im weiteren Verlauf immer selbstverständlicher, natürlicher und spontaner, eben »echter«, wobei es oft ein langer Weg ist vom Erkennen zum wirklichen Können.

5. Ich unterscheide ferner überlegte Selbstmitteilungen von spontanen Du-Botschaften. Wenn ich die Wahl habe zwischen »Spontaneität mit der Gefahr der Verletzung« und »Achtsamkeit/Überlegtheit mit dem Gewinn förderlichen Umgangs ...«, dann entscheide ich mich gerne für letzeres – allerdings ohne *»kommunikative Handbremse«* und Verkrampfung.

6. Spontaneität kann aber auch verletzen. Das Tröstliche daran ist, daß Wiedergutmachung und Versöhnung möglich sind und daß sie letztlich als sehr tiefgreifend und menschenverbindend erfahren werden können.

Unser Traumziel:
professionelle Spontaneität!

Aufgaben II

1. Erinnern Sie sich bitte an Gesprächssituationen, in denen Sie spontan handelten:

   a) Was äußerten Sie spontan?
   b) Wie fühlten Sie sich dabei?
   c) Was lösten Sie bei den Beteiligten aus?

2. Erinnern Sie sich bitte an Situationen, in denen Ihr spontanes Handeln den anderen unangenehm war:

   a) Wie reagierten die Beteiligten?
   b) Wie ging es Ihnen persönlich?
   c) Mußten Sie irgend etwas wieder »geraderücken«?

3. Gab es für Sie spontane Verhaltensweisen in Gesprächen, die Sie im nachhinein bereuten? Welchen »Preis« bezahlten Sie für Ihre Spontaneität?

   Notizen: ______________________________

4. Sie moderieren in einer Gesprächsrunde. Am Ende erhalten Sie

   a) aufrichtige Dankesbezeugungen — Ihre spontane Reaktion?
   b) Äußerungen der Enttäuschung — Ihre spontane Reaktion?
   c) vereinzelte Kritik — Ihre spontane Reaktion?

5. Leider kann ich Ihnen keine Aufgaben mit der Paradoxie »Sei spontan!« geben. Als »Ersatz« biete ich Ihnen Nach-Denkenswertes aus meiner »Kommunikationspraxis« an:

   Situation I: Eine Kollegin, die nach längerer Pause wieder in unser Kollegium zurückkam, sah mich auf dem Gang, lief mir entgegen und wollte mich *spontan* voller Wiedersehensfreude umarmen. Zwei Meter vor mir stoppte sie, schaute sich um und drückte mir nur die Hand. »Was wohl die anderen denken?« sagte sie ...

   Situation II: Während eines Pädagogischen Tages geriet ein Schulleiter emotional *außer Kontrolle* und schrie auf das Kollegium ein, wodurch er große Betroffenheit und Schweigen auslöste. Die Kolleginnen und Kollegen waren nicht mehr in der Lage, den Tag über produktiv zu arbeiten. Zu tief saß in ihnen dieser emotionale Ausbruch.

   Situation III: Eine Kollegin wird, aus Altersgründen, verabschiedet und von einigen *spontan* umarmt, worauf sie heulend aus dem Lehrerzimmer läuft ...

Schlußbetrachtung

Ich erlebte meine Kindheit in der Nachkriegszeit in einem Ort in Bayern: Was meine Eltern dachten und sagten, war nahezu identisch mit dem Gedankengut und den Meinungsäußerungen der andern Erwachsenen: der Verwandten, des Pfarrers, der Lehrerinnen und Lehrer, der Nachbarn. Diskurs und Disput wurden weder gefordert noch gefördert, das Weltbild war abgesteckt, das Gottesbild vorgeschrieben ...

Heute, einige Jahre vor dem Eintritt in das dritte Jahrtausend, hat sich die Lebenssituationen der Menschen im Hinblick auf ihr Welt- und Gottesbild radikal verändert: Erlebnis- und Erfahrungsvielfalt (vom heimischen Herd bis zu den Malediven), Meinungsoffenheit (das Wohnzimmer via Fernsehen als »Marktplatz« der Welt) und Multikulturen prägen unseren Alltag. Es gibt kein »Uni-Versum« (mehr), sondern »Multi-Versen« (Maturana); es gibt, so die Soziologen, keine »Normalbiographie« (mehr), sondern viele unterschiedliche Biographien. Es gibt nicht *die* Wirklichkeit und nicht *die* Wahrheit, sondern es gibt viele Wirklichkeiten und Wahrheiten – wir finden Realitäten vor und konstruieren uns unsere subjektiven Wirklichkeiten dazu.

Angesichts dieser »Vielwirklichkeiten« ist die Frage nach dem, was uns verbindet und zusammenhält, von eminenter und existentieller Bedeutung. Waren es früher gesellschaftliche und religiöse Konventionen, formuliert durch Normen und Gesetze, die verbindlich waren, so sind es heute selbstbestimmte Bewegungen, die zu Vereinbarungen führen müssen (u.a. auf der Basis des Grundgesetzes). Wir haben unsere individuellen, subjektiven Ansichten, aber wir leben nicht allein und isoliert auf einer einsamen Insel, sondern wir sind aufeinander angewiesen. Deshalb brauchen wir Anpassung als autonome Bewegung (und nicht als Gehorsam) auf den Mitmenschen hin und Vereinbarungen (anstelle der Durchsetzung) bei der Verwirklichung des Miteinander. Als Lebewesen sind wir Individuen *und* auf das »Milieu« angewiesen: Wir leben allein *und* mit anderen.

Auf Grund dieser Sichtweisen bekommen Kommunikation und Dialog, Echtheit und Offenheit, Toleranz und Akzeptanz, Verstehen, Verständnis und Vereinbarungsfähigkeit, Achtsamkeit und Achtung voreinander einen zentralen Stellenwert für unser (Über-)Leben. Die Wahrnehmungs- und Mitteilungsfähigkeit, die Verstehensbereitschaft, das Wissen um kommunikative Vorgänge und entsprechendes Sprachhandeln werden zu lebenswichtigen Kompetenzen im Umgang miteinander.

Zu meinen bedeutsamsten Erfahrungen im Bereich von Kommunikation und Dialog gehört die Erkenntnis, daß aus dem von mir jeweils Mitgeteilten der *Empfänger* das »konstruiert«, was zu seinen Gedanken und Vorstellungen und in seine »Welt« paßt. Es ist ein Irrtum zu meinen, das Mitgeteilte würde »ungeteilte Aufnahme« beim ihm finden. Jeder Mensch hat seine eigene Wirklichkeit, seine eigenen Denkmuster und Phantasien, in denen er zu Hause ist.

Diese Erkenntnis minimiert zahlreiche Erwartungen und, in der Folge, auch Enttäuschungen. Ich habe es nicht in der Hand, wie das, was ich sage, ankommt, wohl aber eine hohe Verantwortung für das, was und wie ich es aussende – und wie ich im »kommunikativen Pendeln« damit umgehe. Die Würde des Menschen ist der eigentliche Sinn, achtsam zu kommunizieren und in Achtung voreinander im Dialog zu sein.

Wir leben
in verschiedenen Welten –
aber wir können durch den Dialog
an unseren Welten teilhaben.

KV 39: Sichtweisen

1. Es gibt kein »Uni-Versum«, sondern es gibt viele »Multi-Versen« (Maturana).

2. Es gibt keine Normalbiographie, sondern viele unterschiedliche Biographien.

3. Es gibt nicht *die* Wirklichkeit, sondern viele Wirklichkeiten, es gibt nicht *die* Wahrheit, sondern viele Wahrheiten.

4. Wir finden nicht Wirklichkeiten vor, sondern wir konstruieren (erfinden) sie.

5. Wir leben nicht allein auf einer Insel, sondern wir sind aufeinander angewiesen.

6. Wir brauchen Anpassung – als Eigenbewegung – und Vereinbarung im Miteinanderleben.

7. Kommunikation und Dialog, in denen Achtsamkeit und Offenheit, Toleranz und Akzeptanz, Verständnis und Achtung voreinander erfahren werden, bekommen einen zentralen Stellenwert für unser (Über-)Leben.

KV 40: Literaturhinweise

Dialog und Gespräch

Buber, Martin: Das dialogische Prinzip. Heidelberg 1962
Weber, Wilfried: Wege zum helfenden Gespräch. München 1991

Gruppendynamik

Brocher, Tobias: Gruppendynamik und Erwachsenenbildung. Braunschweig 1967
Langmaack, Barbara/Braune-Krickau, Michael: Wie die Gruppe laufen lernt. Weinheim 1985

Kommunikation

Miller, Reinhold: Schilfwanderung. Wegweiser für die praktische Arbeit in der schulinternen Lehrerfortbildung. Weinheim ^{3}1992
Rogers, Carl: Entwicklung der Persönlichkeit. Stuttgart ^{7}1989
Satir, Virginia: Selbstwert und Kommunikation. München ^{11}1993
Schulz von Thun, Friedemann: Miteinander reden – Störungen und Klärungen, Bd.1 und 2. Reinbek 1989
Watzlawick, Paul: Münchhausens Zopf. Bern/Stuttgart 1988

Neurolinguistisches Programmieren

Bandler, Richard: Veränderung des subjektiven Erlebens. Fortgeschrittene Methoden des NLP. Paderborn 1987
Birkenbihl, Vera u.a.: Einstieg in die Neurolinguistische Programmierung. Speyer ^{4}1991

Themenzentrierte Interaktion

Cohn, Ruth: Von der Psychoanalyse zur themenzentrierten Interaktion. Stuttgart 1978
Cohn, Ruth/Terfurth, Christina (Hrsg.): Lebendiges Lehren und Lernen – TZI macht Schule. Stuttgart 1993

Transaktionsanalyse

Berne, Eric: Spiele der Erwachsenen. München 1975
Stewart, Jan/Joines, Vann: Die Transaktionsanalyse. Freiburg 1990

Wahrnehmung

Stevens, John: Die Kunst der Wahrnehmung. München ^{9}1975

Verzeichnis der Kopiervorlagen

Reihe »Werkstattbuch Grundschule«

Herausgegeben von Dieter Haarmann

Ulf Mühlhausen
Überraschungen im Unterricht
Situative Unterrichtsplanung.
257 S. Br. DM 48,–/öS 355,–/sFr 47,50
ISBN 3-407-62192-2
Ein Plädoyer für einen »überraschungsoffenen« Unterricht als Gegenentwurf zum herkömmlichen Planungsbegriff.

Christa Röber-Siekmeyer
Die Schriftsprache entdecken
Rechtschreiben im offenen Unterricht.
221 S. Br. DM 46,–/öS 340,–/sFr 45,50
ISBN 3-407-62167-1
Dieses Buch öffnet neue Wege zu einer aktiven und individualisierten Aneignung der deutschen Grammatik und Rechtschreibung ohne Drill, Leistungsdruck und Versagensangst.

Helmut Schafhausen (Hrsg.)
Handbuch Szenisches Lernen
Theater als Unterrichtsform.
108 S. Br. DM 26,–/öS 207,–/sFr 26,–
ISBN 3-407-62197-3
Mit konkreten Beispielen aus verschiedenen Fächern wird Szenisches Lernen als Integration von praktischen und theoretischen Elementen einer neuen Lernform entfaltet.

Heinz Schernikau/Barbara Zahn (Hrsg.)
Frieden ist der Weg
Bausteine für das soziale und politische Lernen.
204 S. Br. DM 42,–/öS 311,–/sFr 41,60
ISBN 3-407-62129-9
Texte, Bilder, Lieder, Spiele, Themenvorschläge und Unterrichtsprojekte für eine Friedenserziehung in der Grundschule.

Adelheid Staudte (Hrsg.)
Ästhetisches Lernen auf neuen Wegen
173 S. Br. DM 39,80/öS 295,–/sFr 39,80
ISBN 3-407-62172-8
Argumente und Beispiele für ästhetisches Lernen als fächerübergreifendes und fächerverbindendes Prinzip in allen Lernbereichen der Grundschule.

Dagmar Wehr
»Eigentlich ist es etwas Zärtliches«
Erfahrungsbericht über die Auseinandersetzung mit Sexualität in einer dritten Grundschulklasse.
84 S. Br. DM 26,–/öS 192,–/sFr 26,–
ISBN 3-407-62168-X
Sensibler Erfahrungsbericht zum Umgang mit dem Thema Sexualität in der Grundschule.

Hildegund Weigert/Edgar Weigert
Schuleingangsphase
Hilfen für eine kindgerechte Einschulung.
153 S. Br. DM 32,–/öS 237,–/sFr 32,–
ISBN 3-407-62127-2
Ein empfehlenswertes, in sich geschlossenes Einschulungskonzept. Umfangreiche Anregungen für die praktische Gestaltung und verschiedenste Spielvorschläge erleichtern den Lehrern ihre Vorbereitung.

Hildegund Weigert/Edgar Weigert
Schülerbeobachtung
Ein pädagogischer Auftrag.
126 S. Br. DM 36,–/öS 266,–/sFr 36,–
ISBN 3-407-62171-X
Konsequente Schülerbeobachtung ist Voraussetzung für gezielte Beratung, fundierte Beurteilung und Überprüfung der eigenen pädagogischen Tätigkeit. Auswertbare Ergebnisse helfen, den Unterricht/die Schule zu öffnen.

Ingeborg Wolf-Weber/Mechthild Dehn
Geschichten vom Schulanfang
»Die Regensonne« und andere Berichte.
127 S. Br. DM 29,80/öS 221,–/sFr 29,80
ISBN 3-407-62174-4
Wie sehen wir Schulanfänger und wie können wir sie erreichen – auch die, die uns massiven Widerstand zeigen? Das sind die Fragen, die die Erzählungen einer Lehrerin aus Klasse 1 und aus der Vorschulklasse bestimmen.

BELTZ

Preisänderungen vorbehalten

Beltz Verlag · Postfach 100154 · 69441 Weinheim

B0018A